Hans A. Jenny   Schweizer Originale   Band 2

D1699759

Hans A. Jenny

Schweizer Originale

Band 2

Porträts helvetischer Individuen

Nebelspalter-Verlag, Rorschach

2. Auflage 1993

© 1992 Nebelspalter-Verlag, Rorschach
Druck: E. Löpfe-Benz AG, Rorschach
Printed in Switzerland
ISBN-Nr. 3.85819.176-0

Für Marie-Louise

Inhalt

Helvetischer Aperitif

Was ist ein Schweizer Original – und warum kann/darf/muss es anders originell sein als ein (zum Beispiel) deutsches oder österreichisches Original? Ein echtes Schweizer Original soll – so meine ich – irgendwie knorriger, urchiger, hemdsärmeliger, naiver und kauziger originell sein als ein ausländisches. Man muss es spüren/hören/sehen/ahnen/merken, dass die betreffende Person, so wie sie lebt, unserem Lande und seinen Eigen- und Unarten mit der typisch schweizerischen, ja manchmal sogar kantonal-spezifischen Wesensart verbunden ist und nicht irgendwo existieren kann.

Mit anderen Worten: Ein Schweizer Original kann – bei aller Weltoffenheit – nicht multikulturell gesichtslos sein, sondern muss sich durch irgendeine besondere positive oder negative Wesensart als diesem unserem Lande zugehörig erweisen. Zu einer solchen eidgenössischen Unverwechselbarkeit gesellt sich dann noch die ganze verwirrende und faszinierende Palette der persönlichen Eigenschaften. Dazu gehört vor allem Individualität in einem sehr exzessiven und exzentrischen Ausmass: Ein origineller Charakter lebt sich immer voll und ganz aus, ohne von konventionellen Rücksichten eingeschränkt zu sein. Das Original (oder die originelle Frau – soll man ihr «Originalin» sagen?) sichert sich nicht bei Freunden und Bekannten, bei der Nachbarschaft, bei den Medien oder der undefinierbaren «Allgemeinheit» ab, ob es gnädigst so sein darf, wie es möchte – es ist einfach so, wie es ihm beliebt. Punktum.

Einem Original spürt man seine ungebundene, dynamische Ausstrahlung äusserlich und seelisch an. Das heisst nun keineswegs, dass unsere Schweizer Originale à tout prix ausgeflippt daherkommen müssen. Knebelbart und rollende Augen, Wagenradhüte, ausgelatschte Schuhe, zerfranste

Hosen, farbige Haare, Riesenkrawatte und Scheibenwischer-Sonnenbrillen sind noch keine Garanten der Exklusivität. Auch ein durchaus zivil gekleideter und konventionell auftretender Mensch kann jenes archetypische Originalitätsfluidum um sich verbreiten, das uns anzeigt, dass hier eine Persönlichkeit ausserhalb der üblichen Norm vor uns steht.

In diesem zweiten Band unseres helvetischen Prominentenreigens der Extraklasse darf ich Ihnen auch amüsante Trivialdichterinnen und Pseudo-Poetinnen vorstellen; verhinderte Drostes und Spyris, die mit exquisiter Präzision immer wieder zwischen den überreich gedeckten Tisch ihrer üppigen Imagination und den klapprigen Stuhl ihres mangelnden Schreibgeschicks fallen.

Johann Strauss Sohn hat seine Wiener-Walzer-Karriere mit den «Gunstwerbern» begonnen. Auch mir liegt viel am Wohlwollen der freundlichen Leserschaft, weil nur freudig gelesene Bücher das Verlangen animieren, weitere Werke des Autors (zum Beispiel einen dritten Band dieser Serie…) zu wünschen. Ob am Radio, bei Vorlesungen und Führungen oder als Verfasser – jedes Buch, jede Sendung und jedes Referat sind für mich eine Herausforderung, stets von neuem die Sympathie und Gunst jener Leser/innen und Hörer/innen zu verdienen, die mir schon früher ihre Aufmerksamkeit geschenkt haben, respektive jene kulturgeschichtlichen Interessenten und Liebhaberinnen zu begeistern, die neu zu unserem Freundeskreis stossen.

Und noch etwas: Wir leben in einem Land mit vier Sprachen, unzähligen Dialekten, zwei Dutzend verschiedenen Polizeiuniformen, kommunalen, kantonalen und eidgenössischen Abstimmungen; in einem fantastisch vielgestaltigen Vater- und Mutterland, wo eigentlich jeder Bürger und jede Bürgerin unseres Staates ganz automatisch ein veritables Schweizer Original ist!

Hans A. Jenny

Emil Beurmann
Bohemien und Belami

Wenn es je eine schweizerische Boheme im Sinne von Henri Murger oder Giacomo Puccini gegeben hat, dann verkörperte sie sich in Emil Beurmann. Der am 14. März 1862 am Basler Klosterberg geborene Sohn eines Tapezierers pinselte schon als 19jähriger «Sprayer» Protestverse an die Mauer der Allerheiligenkapellen-Ruine. «Am nächsten Tag hatte ich ein Mordsgaudium. Bereits am frühen Morgen standen die Leute dort, und ganz Basel wollte das Ding sehen. Die Polizei suchte vergeblich nach dem Sünder…»

Von frühester Jugend an malte und schrieb, zeichnete und dichtete Emil. Malstunden nahm er bei Hans Sandreuter, zusammen mit Lisa Ruutz, der späteren Dichterin Lisa Wenger. «Nicht sehr fördernd für mein Studium», so schreibt Beurmann in seinen Tagebüchern, «war die Gesellschaft des charmanten Fräulein Ruutz, denn oft fand ich es amüsanter, statt zu zeichnen und zu malen, ganze Nachmittage mit der reizenden Kollegin zu verplaudern und ihren verlockenden Schilderungen des Pariser Atelierlebens zu lauschen. 1881 reist Emil prompt ins Künstlermekka an die Seine: «Im ungeheizten Drittklasswagen eines Bummelzuges fror ich von morgens elf Uhr bis zum nächsten Morgengrauen. Im Quartier Latin leistete ich mir ein primitives Kämmerchen mit wackligem Eisenbett und dito Tisch und Stuhl.» In Paris gehörten Albert Anker, Lovis Corinth, Frank Buchser, Cuno Amiet und Giovanni Giacometti zum Freundeskreise Beurmanns. Er sieht Sarah Bernhardt («sie hat das Geheimnis ewiger Jugend»), trifft Léon Gambetta, den Ministerpräsidenten, und er, der 23jährige «Jungmaler» aus Basel, ist dabei, als Victor Hugo am 1. Juni 1885 ins «Panthéon der Unsterblichkeit» überführt wird.

Dann reist «Monsieur Emile» nach Kairo. Dort bezirzen ihn seine kapriziösen Modelle – «Nebiha, schön wie eine Lotosblume, aber eine feurige Kleopatra/Salome-Natur, und Chadiga, schlank, verlockend, bronzefarben». Als der Schweizer «Belami» nach zwölf ägyptischen Wonnemonaten wieder heimwärts fährt, begleiten ihn nicht nur Chadiga und deren Freundin, die Bauchtänzerin Amina, sondern auch ein ganzer orientalischer Trupp von Feuerspeiern, Trommlern, Zauberern und Schlangenbeschwörern, die Beurmann als Impresario im «Palais des Fées» an der zweiten Schweizer Landesausstellung in Genf auftreten lässt. In Basel veröffentlicht er Reiseberichte in Zeitungs- und Buchform und mausert sich schnell zu einem richtigen Malerpoeten, der schliesslich am Ende seines Lebens auf Hunderte von amüsant-kritischen Feuilletons und ein gutes Dutzend witzige Bücher zurückblicken kann.

1897 zieht es den Bohemien nach Spanien. Auch dort ist der Weg zur Kunst mit Frauen gepflastert: Einer schwarzäugigen Marcela in Madrid folgen eine leidenschaftliche Carmen in Cordoba, eine «Gitana mit blauem Kamm in der Haarpracht» in Granada und schliesslich «die reizendste aller Maurinnen, Aischa, ein richtiges Haremsfigürchen» drüben in Tanger. Daheim in Basel warten die Tänzerinnen vom Stadttheater und – insgeheim im Atelier – mehr oder weniger kulturfreudige Damen aus der «besseren» Gesellschaft auf den Vielgeliebten.

«Beuz» – so nennt er sich in seinen Büchern – malt in Paris, in Frankfurt, in München. Er erlebt den ersten Zeppelin (1908) und sieht das Erdbeben von Messina (1909) im Kintopp. Energisch verteidigt er das (damals noch) umstrittene Werk seines Kollegen Ferdinand Hodler gegen «wildgewordene Lehrervereine und Eisenbahner», und schliesslich packt ihn, den schon 52jährigen Schwerenöter, unversehens die grosse Liebe in der Person der 27jährigen Mariely Brunner, einer Tochter aus wohlsituiertem Bürgerhause. Die Schwiegermutter in spe will erst gar nichts vom über ein Vierteljahrhundert älteren Habenichts wissen. Wütend knallt sie dem Paar als Verlobungsessen hundert Gramm Aufschnitt vom allerbilligsten und eine kleine Flasche «Hilfsarbeiter-wein» auf den Küchentisch. Aber wider Erwarten wird das «Beuzli», wie die junge Frau im spottnamenfreudigen Basel nun genannt wird, mit ihrem «Beuz» glücklich. Die beiden erleben als Mitglieder der Stadttheaterkommission all die grossen Gastspiele jener Epoche zwischen 1914 und 1940. Bei Beurmanns sind Richard Strauss und Arthur Schnitzler, Max Reinhardt und Richard Tauber, Alexander Moissi und Paul Wegener, Conrad Veidt, Lotte Lehmann und Hans Albers zu Gast. Er malt die Koloratursopran-Primadonna Maria Ivogün, die selbstbewusst ins Gästebuch schreibt: «Muss da noch ein Name hin? Schreit nicht jeder: Ivogün!» Mit Felix Weingartner hingegen, dem Dirigenten und Komponisten, findet Beurmann keine Harmonie; mit bissigen Satiren macht er dem sonst Gefeierten das Leben in Basel schwer.

Auch für moderne Musik hat der konservative Künstler kein Verständnis: «Das Banjo knallt, das Hackbrett hackt – es grölt die Jerichotrompete; es stampft und krampft im Jazz-bandtakt – und klopft, als ob man dreschen täte…»

Obwohl sich «Beuz» und «Beuzli» herzlich zugetan sind, wirft er zuweilen auch noch ein Auge auf «die kleinen Mädels im Trikot» – und sie korrespondiert intensivst mit einem Basler Staranwalt, der ihr per Schreibmaschine mit violettem Farbband seitenlange Liebesbriefe verehrt.

Als 75jähriger transformiert der Dichtermaler Nestroys «Lumpacivagabundus» zum Basler Dialektstück «E liederlig Kleeblatt». «Beuz» kennt Arnold Böcklin und alles, was in Europa malt und zeichnet. Er holt sich im Atelier des Jugendstilpapstes Alphonse Moucha Inspirationen, korrespondiert mit Lenbach, Kaulbach, Liebermann, Gulbranson, von Stuck… Als der letzte «schrankenlose Bohemien der alten Schule» am 5. Februar 1951 stirbt, ist Basel und die Schweiz um ein vielseitiges Künstleroriginal ärmer. Maria Beurmann-Brunner überlebt ihren «Beuz» noch um 28 Jahre und sammelt (auch) die witzigen Aphorismen ihres Belami: «Frauen sind die Holzwolle in der Glaskiste des Lebens», «Ein Glück, das man in Worten ausdrücken kann, ist gar kein Glück», «Wer nicht liebt, ist tot».

Der Basler Malerdichter Emil Beurmann lieferte 1897 Bauchtänzerinnen für die Schweizerische Landesausstellung in Genf...

Mary Stirnemann-Zysset
«Heilige Einfalt»

Sie kam aus Heiligenschwendi bei Thun, wo sie am 6. Juli 1881 als Bauerntochter geboren wurde. Nach dem frühen Tode ihrer Mutter durfte sie als Pflegkind eine kaufmännische Lehre absolvieren. Als Sekretärin zog sie zum ämterreichen Aargauer Grossrat und Notar Jakob Stirnemann (1859–1931), der drei Jahrzehnte lang Gemeindeschreiber in Gränichen war. Als 1924 seine erste Gattin starb, heiratete er 1927 Mary Zysset. Zur Erinnerung an ihr nur vierjähriges Eheglück publizierte Mary Stirnemann-Zysset 1936 im Eigenverlag eine ihrem verstorbenen Gatten gewidmete Gedichtsammlung.

Da wird ohne Rücksicht auf Logik und Versmass munter drauflospoetet:

> «Eine Träne sich aus dem Auge stiehlt –
> Auf der Wange des bejahrten Herrn
> Für das Vaterland sie defiliert! –
> Für das Vaterland sie rinnet gern!»
> (Aus «Die Freudenträne»)

Mary bedichtet den Schnee:

> «Und ist er endlich allda –
> ein herrliches Fest es gibt,
> Mueti! Der Schnee, er ist da! –
> Vati! Der Schnee, er dir beliebt?»

Mary philosophiert:

> «Hoffart ist wie ein derber Keil, –
> Der getrieben wird in gesundes Holz;
> Es zerspaltet und zersplittert stolz, –
> Dass hier ein Teil und dort ein Pfeil.»

14

Mary schwärmt naturverzückt:

> «Als letzter floristischer Wiesenschmuck –
> Erscheint im Herbst die Herbstzeitlose,
> Mit ihr ist es zwar so eine Chose, –
> Jedem Tier sie verursacht einen Ruck.»

Mary schildert Tiertragödien:

> «Dem Wurm das Leben ausgesogen hat –
> Das winzig kleine Käferchen, in der Tat.
> O weh! Das Käferchen nun windet sich! –
> Zuviel des Guten! Es platzt! Stirbt kümmerlich.»

Das Aargauer Publikum hatte soviel Spass an der «Heiligen Einfalt» seiner Trivialdichterin, dass die Originalausgabe bald vergriffen war. Zum 85. Geburtstag der Poetin präsentierte der Diogenes-Verlag 1967 eine Neuauflage, die dann in der ganzen Schweiz Schmunzeln erregte.
Mit dem Titel «Das Wunder des Werdens» beschreibt die Verseschmiedin ein Vogelnestchen:

> «Vier nackte Vögelchen, wahrhaftig! –
> Verkrampft da drinnen so saftig!
> Hilflos winziges Gewusel, –
> Mitgefühlerregendes Gedusel!»

Alles, was so an Schicksalsschlägen und Naturkatastrophen in jener Zeit passierte, im engeren Aarauer Kreise und anderswo, lockte Mary auf den Pegasus, den sie dann allerdings ohne Zaumzeug und Sattel im wilden Ritte à la Kempner und Schrader kreuz und quer durch ihre Gefühlswelt führte. Wie wunderprächtig sie entweder falsch oder Gleiches mit Gleichem reimte, beweist das Gedicht «Frohbewegt» – ein Titel, der überhaupt nicht zum Inhalt passt:

> «Ein ehrwürdiger Gottesmann erzählt: –
> In seinem Pfarrhaus in Amerika,
> Einer seiner Schüler sich erwählt, –
> Eine liebenswürdige Verlobte ebenda.

Den Himmel der bald geschlossenen Ehe, –
Verdunkelte eine ernste Führung.
Ein Söhnchen auch entsprossen ward der Ehe; –
Die Familie lebte unter Gottes Führung.

Der Vater trat einen Reiseurlaub an, –
nach Europa zu seiner betagten Mutter.
Er war ein frohbewegter Mann, –
Zu sehen bald die gute, alte Mutter.

Auf dem Schiff ihn ein Schwindel überkam, –
Er zog sich zurück in seine Kabine,
Ein Herzschlag ihm das Leben nahm. –
Einen Toten trug man aus der Kabine.»

Als Mary Stirnemann-Zysset erstaunt und betrübt realisierte, dass ihre Leser/innen von ihren gereimten Ergüssen
mehr amüsiert als gerührt waren, legte sie den Holzhammer
ihrer Versschmiede beiseite und liess es bei ihrem originel-
len Erstling «Sonnenschein ins tägliche Leben» bewenden.
Frau Stirnemann starb neunzigjährig am 17. Februar 1972 im
Altersheim Biberstein.

*Mary Stirnemann-Zysset,
«der aargauische Dichter-
schwan».*

Max Daetwyler
Friedensapostel

Er ist das jüngste von zwölf Kindern eines Gastwirts und Hoteliers in Arbon. Sein Geburtsdatum: 7. September 1886. Dem König von Württemberg, Wilhelm II. (nicht zu verwechseln mit Wilhelm II. von Preussen), stellt der kleine Max die Kegel, wenn er von der benachbarten Villa in die väterliche Kegelbahn kommt. Nach einer kaufmännischen Lehre reist Max nach seinem Motto «Der Mensch lebt, um es gut und schön zu haben» als Kellner durch Europa. In Paris will er eine Hotel-Zeitung in vier Sprachen herausgeben. Dank diverser Grossausstellungen sind aber alle Herbergen ausgebucht, und niemand will dem jungen Schweizer Inserate für sein Blatt geben. Im Berner «Ratskeller» wird er dann Co-Restaurateur mit seinem Bruder. Wie Max jedoch «aus sportlichen Gründen» allen Gästen davon abrät, alkoholische Getränke zu bestellen, ist die familiäre Zusammenarbeit schnell beendet. Als er 1914 einrücken muss, weigert er sich, den Fahneneid zu leisten. Daetwyler wird psychiatrisch begutachtet. Nach der Entlassung aus der Klinik in Münsterlingen gibt er ein grosses Friedensinserat im «Bund» auf, demonstriert vor Schweizer Munitionsfabriken und gründet die «Daetwyler & Co., Gesellschaft für den Frieden». Des Pazifisten lautere Absichten werden, ohne dass er es merkt, vor den kommunistischen Parteikarren gespannt. Bei einer Rede auf dem Helvetiaplatz wird er verhaftet und wegen «Aufruhr» vor Gericht gestellt: drei Monate Gefängnis, drei Monate Burghölzli. Bald darauf heiratet Max. Er bringt 200 geborgte, seine Braut 160 eigene Franken in die Ehe. Für 220 Franken pro Jahr mieten sich die beiden ein Häuschen in Zumikon – ohne Elektrisch, Gas, Ofen und Wasser. «Es war eine grandige Zeit!» schwärmte Daetwyler später vom jungen, verliebten Ehestand. Daetwylers betreiben eine Hühnerzucht, eine Strickmaschine, einen Bienenstand. Sie verdienen ihr Geld mit biologischem Gemüse, mit Blumen, mit kleinen Landspekulationen.

1932 kommt Mahatma Gandhi nach Europa. Er besucht in Villeneuve am Genfersee seinen Biographen Romain Rolland. Dort wird der schweizerische Friedensapostel von seinem indischen Kollegen «in Rollands Salon auf dem Teppich» empfangen. Zwei Jahre später predigt der unermüdliche Max in München im Hofbräuhaus vor SA- und SS-Leuten seine Schillersche Version vom Weltfrieden: «Wir wollen sein ein einig Volk von Brüdern.» Die Nazis im Saal glauben, Daetwyler propagiere den Anschluss der Schweiz ans Reich und spenden ihm freudigen Applaus. Zwei Herren von der Gestapo jedoch riechen den helvetischen Pazifismus und warnen den Redner: «Nehmen Sie sich in acht, Schweizerchen!» Daetwyler reist, «dringlich animiert» durch das Schweizer Konsulat, schnell wieder in die Heimat zurück. Dort trifft er sich in Genf mit Bundesrat Motta, der ihm eine Zulassungskarte für die Völkerbund-Tribüne schenkt. «Le fou de Genève» (so heisst Daetwyler von da an in der französischsprachigen Presse) lässt unversehens seine Weltfriedensproklamationen auf die Delegierten regnen, schreit «Humanité – réveille-toi!» und «Vive la paix!» und wird wieder einmal verhaftet.

Nach einem unerquicklichen Telefongespräch mit «Mona Klara» (so nennt er seine Frau), die anstatt Demonstrationen Geld für sich und die beiden Kinder fordert, entflieht Daetwyler den privaten Problemen und marschiert nach Lyon – im Laufe seines Lebens legt er übrigens über zehntausend Kilometer per pedes zurück…Via Paris kommt er wieder nach Zumikon – «Mona Klara» hat ihm «Entweder – oder» telegrafiert… Nach einer «Fastenzeit» (auch Pius XII. fastet in Rom für den Weltfrieden, da kann Max I. nicht zurückstehen) legt er sich mit Duttweiler an, dem er vorwirft, die kleinen Leute zu ruinieren. Von 1939 bis 1958 sorgt Daetwyler sich nur noch um seine Familie. Erst 1959, nach dem Tode seiner Gattin, wird der Apostel wieder aktiv. In der

Vom 24. Juni bis 21. Juli 1961 wartete Max Daetwyler in Kuba
darauf, mit Fidel Castro sprechen zu dürfen. Wir sehen den
streitbaren Friedensapostel vor dem Parlamentsgebäude im
Central Park von Havanna. Diese Erinnerungspostkarte hat
er dann später als Autogramm verteilt.

Bundesrepublik will er Konrad Adenauer die Leviten lesen, in der DDR möchte er mit Ulbricht sprechen. Er will, aber die hohen Herren wollen nicht. Auch Nikita Chruschtschow in Moskau hat kein Verlangen nach einer Gipfelkonferenz mit Max Daetwyler. Da spaziert der Friedensprediger – er ist mittlerweile schon 73 Jahre alt – mit seiner weissen Fahne auf den Roten Platz und ruft «Ich bin Tolstoi Nummer zwei!» Doch Chruschtschow hat immer noch keinen Termin frei…

Jetzt probiert es der unermüdliche Prediger in den Vereinigten Staaten – er schlägt Präsident Kennedy eine kubanische Exilregierung unter seiner, Daetwylers, Führung vor. Zwei Wochen lang versucht der weissbärtige Schweizer mit dem (damals noch) schwarzbärtigen Fidel Castro ins Gespräch zu kommen, die Polizisten in Havanna sagen Cuba si – Max no und «Hauen Sie ab zu den Faschisten!» Meistens geht es dem Zumikoner so wie mit dem englischen Atomgegner Bertrand Russell, von dem er sagt: «Ich habe einen sehr guten Kontakt mit ihm – nur er nicht mit mir!» So auch in London, wo er vergebens versucht, Premier Macmillan seine Ideen zu präsentieren. Am Hyde-Park-Corner, wo Daetwyler «arbeitet», herrscht aber zu grosse Konkurrenz. Er rollt seine weisse Fahne ein und retiriert sich wieder nach Zumikon, wo er sich auch mit dem Dorfpfarrer um Gott und die Welt streitet.

Werner Wollenberger stellte die Fragen zum Charakterbild des militanten Pazifisten: Wirrkopf oder Narr? Idealist oder Querulant? Oder schlicht und böse: «Max mit Knacks?»

Auch er, der weltreisende Pazifist selbst, gibt zu, dass er zwischen Sein und Schein, zwischen Können und Wollen, zwischen seelischem Exhibitionismus, zwischen seiner «Weltreligion» und hochpolitischer Prophetie angesiedelt ist: «Sie, die Psychiater, haben vier Gutachten über mich abgegeben, und ich kann Ihnen sagen: eines vernichtender als das andere!»

In seinem 89. Altersjahr stirbt am 26. Januar 1976 im zürcherischen Zumikon eines der eigenwilligsten, exzentrischsten, unbequemsten und liebenswürdigsten Schweizer Originale.

Gustav IV. Adolf
Schwedenkönig und Basler Bürger

Er war der Sohn von Gustav III. Adolf, jenem schwedischen Monarchen, der 1792 auf einem Maskenball ermordet wurde. Über dieses Ereignis komponierten dann Verdi und Auber Opern…

Nach verschiedenen Brautaffären profilierte sich der 1778 geborene Gustav IV. durch seinen Hass auf Napoleon, in dem er den Antichrist der Offenbarung erblickte. Sich selber sah er, mystisch animiert durch die Schriften Swedenborgs und Jung-Stillings, als den «Gewaltigen auf dem weissen Pferde», der dazu berufen sei, das Ungeheuer in den feurigen Pfuhl zu stürzen. Mit einer unrealistischen Zickzackpolitik verscherzte sich der Revolutionsgegner auch die Sympathien Gleichgesinnter. Auf dem Neujahrsball 1809 tanzten Seine Majestät und das Gefolge allein. Der schwedische Adel boykottierte das Fest. Als der König dann in den Kriegen gegen Dänemark und Russland gravierende Fehler beging, kam es im März 1809 zum Aufstand und zur Absetzung des Herrschers. Gustav IV. ging sofort wortlos auf sein Zimmer, zog die Militäruniform aus, warf die Orden auf den Boden und verliess Schweden in Zivilkleidern. Nach einer Zwischenregentschaft übernahm der napoleonische Marschall Bernadotte mit seiner Desirée den Thron.

Gustav IV. trennte sich von seiner Gattin – sie zog nach Karlsruhe und er via London nach Basel. Dort wurde er unter verschiedenen Namen zum Schweizer Original. Abwechslungsweise nannte er sich «Oberst Gustafsson», «Graf Gottorp» und «Herzog von Holstein-Eutin». Bei einer ersten Visite in der Rheinstadt im Jahre 1810 bewohnte der entthronte Monarch ein von ihm als «Kajüte» bezeichnetes Zimmer über der damals noch als Kloake dienenden stinkenden Birs, in welcher von den Basler «Herrschaften» (zur

Er war Basler Bürger und schrieb das Wort «ICH» in allen seinen Briefen gross und mit farbiger Tinte – Gustav IV. Adolf, Ex-König von Schweden.

Klärung der Besitzverhältnisse) in allen Farben kolorierte Schweine und Hühner sich am Unrat gütlich taten. Im «Storchen» am Fischmarkt regalierte der Ex-König die Basler mit Champagner, spazierte mit seinem Hausarzt Dr. Siegmund zur Jagd auf den Tüllingerhügel, spielte im Hotel zu den Drei Königen Domino, protegierte den falschen ägyptischen Prinzen und talentierten Hochstapler Achmed Soliman und wollte den «Kirschgarten» (heute Museum) erwerben, verschwand dann aber plötzlich wieder. Erst 1818 kam er zum zweiten Mal nach Basel. Jetzt kaufte er für 12 000 Franken das Haus St.Johann-Vorstadt 72, das heute mit einer Gedenktafel versehen ist. Im gleichen Jahre wurde der letzte Wasa-Regent für 1500 Franken Basler Bürger, nachdem er feierlich vor versammeltem Rat auf alle Vorrechte von Geburt und Stand verzichtet hatte. Aber Gustav IV. fand keinen bürgerlichen Frieden. Der Fürst Karl Konstantin von Hessen-Rotenburg, der sich damals auch in Basel aufhielt, ärgerte den «Schweden», wo er ihn antraf, indem er ihm stets eine rote phrygische Mütze, das Zeichen der Revolutionäre, zeigte. Schulkinder banden Münzen an einen Faden und foppten den König, indem sie das Geldstück schnell zurückzogen, sobald der Kurzsichtige danach greifen wollte.

Bei Notar Fäsch bediente den Ex-König der Angestellte Matzinger so zuvorkommend, dass ihm Oberst Gustafsson ein Geschenk anbot. Matzinger zierte sich. Da hielt ihm der «Schwede» mit der linken Hand das Päckchen hin und drohte mit der zum Schlag erhobenen Rechten: «Wollen Sie's nehmen oder nicht?»

Ein Basler Schuster sollte dem «Grafen Gottorp» seine Stiefel flicken. Als die Reparatur nicht nach Wunsch ausfiel, sandte er das Schuhwerk an die Basler Polizei, damit die Stiefel dort für alle Zeiten von der Bosheit des Schuhmachers Zeugnis ablegen sollten. Es sei doch die Pflicht der Behörden, so meinte der Geplagte, dass man ihm, nach allem, was er habe erdulden müssen, wenigstens einen korrekt arbeitenden Schuster vermittle.

Beim Antistes Falkeysen, dem obersten reformierten Pfarrer Basels, beklagte er sich, er werde in seinem Hause «über alle Beschreibung überlaufen von aller Art Menschen ohne Verstand und Anständigkeit». Speziell gestört fühlte sich der schwedische Basler Bürger vom «unaufhörlichen Geschrei der calvinistischen Kinder beim sommerlichen Baden im sogenannten Entenloch am Rhein». Oberst Gustafsson verglich den Lärm mit dem wilden Gebrüll der Menschen zur Zeit der biblischen Sintflut.

Als nun auch noch der stadtbekannte Raufbold Jean Merian Gustav IV. zu einem Duell aufforderte und man ihm, dem gewesenen Herrscher Schwedens, die bescheidene Stelle eines Zeughausverwalters verweigerte, sandte er beleidigt am 4. Februar 1822 den Basler Bürgerbrief aufs Rathaus zurück und suchte – nach weiteren Jahren eines unsteten Wanderlebens kreuz und quer durch Europa – zu guter Letzt ab 1834 sein Asyl in St. Gallen. Dort lebte er höchst bescheiden drei Treppen hoch in zwei kleinen Stuben im Wirtshaus zum «Weissen Rössli». Wie ein Kind freute er sich darüber, dass in einem seiner Kämmerchen das gleiche Tapetenmuster die Wand zierte wie seinerzeit in seinem Kabinett im Stockholmer Schloss. Gustav IV. wunderte sich über den billigen Pensionspreis – er wusste allerdings nicht, dass dem Wirt, Samuel Näf, von einer Tochter des Königs, der Grossherzogin Sophie von Baden, diskret die andere Hälfte der monatlichen Miete bezahlt wurde.

Tagsüber schrieb der Ex-König politische Artikel für die «Allgemeine Zeitung», die allerdings nie veröffentlicht wurden. Um jedoch die Eitelkeit des Verfassers zu befriedigen, druckte man die Berichte wenigstens in einem einzigen Zeitungsexemplar ab. So hatte Gustav IV. einen Beleg und die «Allgemeine» keine Schwierigkeiten mit der Zensur…

«Obrist Gustafsson» wurde von seinen St.Galler Bekannten als wohltätig, gutherzig und abergläubisch, als durchaus edler und redlicher Charakter geschildert. Er trug einen zerschlissenen dunkelbraunen Mantel, alte dunkelbraune Hosen und Schuhe, über die er immer klagte, dass sie ihm zu eng wären. Wenn er mit seinem schwarzen Pudel «Paris» spazieren ging, fiel den Passanten «die grosse Ähnlichkeit des Fürsten mit den tiefsinnigen blauen Augen mit seinem grossen Ahnherr Gustav Adolf» auf. Seinem Sekretär Bichsel diktierte der Ex-König eine Studie über Ebbe und Flut, verschiedene Rechtfertigungsschriften als Folge jenes 135seitigen «Memorials», mit dem er schon 1829 seine militärischen und politischen Aktionen zu rechtfertigen suchte, und schliesslich noch einen nie publizierten «Versuch über Staatsökonomie».

Wenn ihm im Winter die Kinder auf der Strasse «Schwedenkönig!» nachriefen und ihn mit Schneeballen bewarfen, konnte er oft stundenlang in seiner Kammer weinen und war nur durch intensiven freundlichen Zuspruch seines Wirtes Samuel Näf zu trösten. Frau Bott, die Wirtstochter (sie starb hochbetagt anno 1903), erzählte, dass der König in sternklaren Nächten von seinem kleinen Balkon aus in schwedischer Sprache Klagelieder «zum Himmel emporschallen liess». Nach kurzem Leiden starb Gustav IV. Adolf «ruhig und gottergeben» am 7. Februar 1837 im Alter von 58 Jahren und drei Monaten:

> «Rings die Abendglocken tönen –
> er entschlummert sanft und leis,
> Wie ein echter Nordlandskönig,
> mit dem Blick auf Schnee und Eis…»

Als am 19. Februar um Mitternacht der königliche Leichnam (samt separaten Silberurnen mit dem Herzen respektive den Eingeweiden Gustavs IV.) «ad interim» in die St.Magnus-Sakristei überführt wurde, «strahlte ein prachtvolles Nordlicht, dessen Leuchtkraft so gross war, dass man auf offener Strasse die feinste Schrift lesen konnte. So geleitete der herrliche Schein zur Verwunderung der St.Galler den nordischen König ins Totenreich. Sofort nach den Trauerfeierlichkeiten verschwand das Naturphänomen wieder.»

Bereits am 28. Februar des gleichen Jahres wurde der Sarg Gustav IV. von St.Gallen nach Schloss Eichhorn in Mähren geleitet, wo sein Sohn, der österreichische Feldmarschall-leutnant Gustav, Prinz von Wasa, lebte. Mit dessen Tochter Carola (sie war Königin von Sachsen) erlosch dann die Familie Wasa endgültig. Der Ex-Basler Bürger und Ex-König Gustav IV. wurde schliesslich 1884 mit seinem Sohne zusammen in der Riddarholmskirche in Stockholm zur allerletzten Ruhe beigesetzt. Als kleines Nachspiel zum wirren Leben dieses schweizerisch-schwedischen Originals wurde im März 1910 in Stockholm ein Prozess um das Erbe einer gewissen Helga de la Brache geführt, die behauptet hatte, eine «Nebentochter» von Gustav IV. gewesen zu sein…

Füsilier Eberer

und seine beiden Gesichter

Unter den vielen Spassvögeln, die während des Zweiten Weltkrieges die Schweizer Soldaten mit «humoristischen Einlagen» erheiterten, finden wir auch Theodor Eberer, Füsilier eines Basler Territorial-Bataillons. Eberer hatte zwei Gesichter, ein vorschrifts- und reglementskonformes und ein zweites für nach dem Hauptverlesen…

Anna Borer
Die schwüle Einsame

Anna Borer-Moritz wurde am 1. April 1867 geboren. In ihrem Buche «Mariannas Reime» bedichtete die Unterengadiner Volkspoetin vor allem ihre engere Heimat. Sie widmete den einzelnen Bergen und Gletschern ellenlange Versgebilde und startete mit einem zwölfseitigen (mehr oder weniger) gereimten Epos auf ihr Heimatdorf Schuls:

> «Wo heute Hotel Traube steht, beim Bachesrauschen so rein,
> Eine Dorfmühle klippte und klappte so fein,
> Auch trieb dorten der Bach die Dröschmaschine,
> Das ist auch ein Bild aus altem Engadine.
> Unveränderlich nur blieb der Bach,
> Er blieb stets derselbe, und in ihm gar nichts zerbrach...»

Beim Schulser Badehaus erfasste «Marianna» die totale biologische Fantasie:

> «Tannenwehen, Parkesrauschen, – Blätter durch die Lüfte sausen.
> Dort, in Parkes milder Sommersruh'
> Schliesst Schicksals trübe Welle ihre Planken zu.
> In der Stämme Kronen – die Schwalbe hat ihr Nest gebaut.
> Der Fink, die Drossel auch hoch oben wohnen,
> Vielleicht er – als Freier, sie – als Braut!»

Auch Tarasp-Dorf würdigte die erst im Alter so richtig in Fahrt kommende Volksdichterin:

> «...und führt der Weg zu dir, vom Tal hinauf man trinkt

Aus Naturens Götterschale, denn dein Bild den
andern ist verschieden.
O Schloss, o Felsen, Scholle – Hain. –
Wie herrlich bist doch du!»

In einem «realistischen Anhang» besang die Bündnerin nicht
nur den Zauber der stillen Häuslichkeit, sondern auch die
«Reflektion der schwülen Einsamkeit»:
«Der einsame Rabe fliegt flatternd von dannen,
Vielleicht? – in ihm Sehnsucht und lässt sich nicht
bannen.
Wo es ihn dünkte so schön und fein,
Vielleicht schlug der Blitz dort ein
Und verbrannte ihm Nest und Heim,
Und weil Geschick so hart und streng,
Ist's wohl dem Raben zu schwül und eng…»

Grässlich auch die triste Story vom verliebten Schmetterling:
«Und siehe – der schöne Schmetterling flog an die
Rose her –
Als wollte er sich zeigen als ihr Herr. –
Doch die reine Rose lachte ihn wohl aus und dachte:
Warte, zwischen mir und dir ist's balde aus –
Schön, verlockend blühte sie am Hag,
Der Schmetterling sich ihr im Glück genaht,
Doch hinter ihrer Schönheit der Dorn verborgen
war.
Der holde Schmetterling, zu Tode verwundet
im Schmerz, zerwühlend sich gebar…»

Wie herrlich pseudoklassisch sind doch die Borerschen
Visionen:
«…und es tauet keine salz'ge Träne…»
(«Allerseelen am Grabe»)
«…eine Mutterträne steht am Throne Gottes…»
(«Der Mutter Traum»)
«…wohl sehr oft in kühler Nacht fliessen heisse
Tränen…» («Auf der Suche zum Glück»)

Anna Borer-Moritz aus Schuls:
«Und war oft schwül und einsam der Weg
Mein Bergland zeigt mir zu Gott den Steg…»

Anna Borer-Moritz korrespondierte sogar mit Mahatma Gandhi, dem sie am 2. Oktober 1939 zum siebzigsten Geburtstag gratulierte:

> «Nun Jubilar – so verging manches Jahr
> Bald ist das Leben aus – vorbei im Lebens-Schauspielhaus!»

Damit ihr «die grosse Seele in Indien» für das zum Geburtstag verehrte Gedichtbändlein danken könnte, hatte «Marianna» exakt notiert, dass sie in Schuls-Engadin-Schweiz im Hause Nr. 274 wohne.

Dem Basler Journalisten Fritz K. Mathys gestand die dichtende Greisin: «Ich schrieb nur, was meine Seele mir diktierte…»

Ein letztes Gedicht verehrte die Schulser Poetin ihren Freunden:

> «Und nun geht alles bald zur Neige –
> Feldein geht es dem Ausgang zu
> Der Tod singt mir auf seiner Geige –
> Das Schlummerlied zur stillen Ruh!»

Adolf Guyer-Zeller
Der Eisenbahnkönig

Der am 1. Mai 1839 geborene einzige Sohn eines Spinnerei-
besitzers spekulierte schon als 21jähriger erfolgreich mit
Baumwolle: Kurz vor Beginn des Sezessionskrieges kaufte
er in New Orleans die letzte Friedensernte ein. Im Herbst
1862 zog er mit der Prinzessin de la Tour d'Auvergne ins Hei-
lige Land. Seine Reisegefährtin machte ihn später auch mit
dem italienischen Freiheitshelden Garibaldi bekannt. In
Ägypten interessierte sich Guyer zusammen mit dem amerikanischen Gesandten auf einer vierwöchigen Tour intensiv
für den Bau des Suezkanals. Nach der Heirat mit Anna Wilhelmine Zeller leitet Guyer-Zeller, wie er sich von nun an
nannte, seine Spinnerei zwar von Zürich aus, liess aber im
oberen Tösstal für seine Arbeiter Wanderwege anlegen – die
ersten in der Schweiz! Guyer-Zeller plante den Bau der Ueri-
kon-Bauma-Bahn, engagierte sich für die Nordostbahn und
setzte sich an der Seite von Alfred Escher für die Gotthard-
bahn ein. Um 1880 waren Bahnaktien noch billig zu haben:
In Altdorf bastelten Kinder mit Gotthardbahnaktien Dra-
chen, und in Zürich trugen «Bööggen» Kostüme aus Nord-
ostbahnaktien. Alles spekulierte – wenn überhaupt – auf
Baisse, Guyer-Zeller jedoch kaufte zu seinem Aktienbestand
noch weitere Pakete dazu und realisierte prompt nach der
Gotthardstrecken-Fertigstellung beträchtliche Kursge-
winne. Am 27. Juni 1894 setzte er in einer turbulenten Gene-
ralversammlung den bisherigen Verwaltungsrat der Nordostbahn ab und provozierte im März 1897 einen Streik des
Personals. Man warf dem Eisenbahnkönig undemokratische,
amerikanische Brutalität und unternehmerische Verrückt-
heit vor, musste aber auch anerkennen, dass der Betrieb
unter Guyer-Zeller viel besser funktionierte als unter seinen
Vorgängern.

Zwischen 1895 und 1898 förderte der Verkehrspionier eine Engadin-Orient-Bahn via Chur–Albula–Ofenpass–Meran, die dann allerdings nicht realisiert wurde, da der Bundesrat dem Kanton Graubünden nur den Kredit für die schmalspurige Rhätische Bahn bewilligte. Guyer-Zellers Haupt- und Paradeprojekt jedoch war die Jungfraubahn. Schon 1889 hatte Maurice Koechlin, Ingenieur bei Eiffel in Paris, eine «durch Wasserübergewicht betriebene Drahtseilbahn» ausgetüftelt. Alexander Trautweiler, ein Laufenburger, legte sechs Tage später die Idee einer Tunnelseilbahn (mit drei Zwischenstationen samt Hotels für den jungfräulichen Wintersportbetrieb!) vor, und schliesslich wollte Eduard Locher, der Pilatusbahn-Erbauer, die Reisenden in zwei nebeneinanderliegenden Röhren per Druckluft in 15 Minuten «auf den Gipfel schicken».

Am 27. August 1893 hatte Guyer-Zeller auf dem Abstieg vom Schilthorn nach Mürren seine Variante einer Jungfraubahn skizziert. Im Dezember des gleichen Jahres reichte er sein vom Schweizer Alpen-Club und vom legendären Ballonfahrer Spelterini unterstütztes Konzessionsgesuch mit (grosso modo) der heutigen Linienführung ein. Die Freunde des Eisenbahnkönigs doppelten mit einer Propagandaschrift in Form einer Fasnachtszeitung nach und parodierten die Projekte der Mitkonkurrenten:

> «Wo Köchlin kocht und Locher locht,
> Da ist nicht traut zu weilen;
> Doch wo der Guyer tunneliert,
> Durch Mönch und Eiger flott kutschiert,
> Dorthin, Freund, lass uns eilen!»

Guyer-Zeller akzeptierte den kuriosen ständerätlichen Einwand, auf dem Jungfrau müsse immer auch noch Platz für «klassische Bergsteiger» sein, und sicherte ausserdem den Bau eines meteorologischen Observatoriums auf eigene Kosten zu. Schliesslich wollte der Bundesrat die Genehmigung für diejenigen Bahnstrecken, die höher als die Station Eiger liegen würden, erst dann bewilligen, wenn Bau und

Adolf Guyer-Zeller – von seinen Gegnern als «übler Steckkopf» gelästert, von seinen Arbeitern als «gütiger Vater» gelobt, an seinem Grabe (in Bauma) als «fruchtbarer Unternehmer» gepriesen.

Betrieb für Leben und Gesundheit der Menschen keine besondere Gefahr bedeuteten. Sobald der Verkehrspionier die Konzession in Händen hatte, gründete er die «Bank Guyerzeller» in Zürich zur Emission und zum Handel von Aktien der Bahnen im Jungfraugebiet. Witzige Prospekte warben um Finanzen. Bähnlerinnen in Bernertracht luden nach dem «Mignon»-Motiv von Ambroise Thomas zum Ausflug nach dem heutigen «Top of Europe»:

> «Kennst Du den Berg und seinen Eisensteg?
> Das Blitzthier sucht im Tunnel seinen Weg,
> Und Kondukteusen flöten süss Dich an:
> Einsteigen, if you please, zur Jungfraubahn!
> Kennst Du ihn wohl? Dahin, dahin
> Ich halt es nimmer aus, o lass uns zieh'n!»

Am 27. Juli 1896 tat Sekretär Dr. Wrubel den ersten Spatenstich, zwei Jahre später weihte Gletscherpfarrer Strasser aus Grindelwald die Strecke bis zum Eigergletscher ein. Am Weihnachtsabend 1898 streikten, «aufgewiegelt durch

Anarchisten», zwanzig italienische Arbeiter, am 26. Februar 1899 tötete eine zu früh gezündete Sprengladung einen Aufseher, einen Vorarbeiter und vier Mineure.

Adolf Guyer-Zeller starb an einer Herzlähmung am 3. April 1899, «tief betrauert von seiner Mannschaft, der er gleichsam ein Vater gewesen». 1903 wurde die Station Eigerwand, 1907 die Station Eismeer und endlich am 1. August 1912 – nach 16 Jahren Bauzeit und 16 Millionen Franken Gesamtkosten – der Betrieb auf das Jungfraujoch eröffnet.

Guyer-Zeller geht aber nicht nur als Bergbahnen- und Wanderwege-Bauer in die Schweizer Geschichte ein. Er gab auch eine Zeitung für das Zürcher Oberland, «Der Allmann», heraus, schrieb an einem Volksstück, das er auf der Ruine Grifenberg bei Bäretswil aufführen wollte, und wirkte als griechischer Generalkonsul in Zürich so intensiv (u. a. durch eine grossherzige Stiftung für arme griechische Studenten), dass er feierlich mit einem hohen Orden ausgezeichnet wurde. Der reiche Eisenbahnkönig wohnte in Zürich «im schönsten Hause der Stadt» an der Bahnhofstrasse 10 – in seiner «Sommerresidenz» in Neuthal in einer prachtvollen Villa, deren Park eine Nachbildung des Gartens Gethsemane war. Das vielseitige Original hatte zwei Lebensdevisen: «Das Geld liegt auf der Strasse, man muss es nur aufheben» und «Volere è potere» – «Wollen ist Können».

Bernhart Matter
Meisterdieb und «Robin Hood»

Über ihn ist ein Comic-Band erschienen und sein (vermutlicher) Nachkomme Mani Matter, der Berner Troubadour, besang die (Un)taten des am 21. Februar 1821 in Muhen geborenen «Aargauer Räuber und Glünggi».

57 Familien – darunter auch Bernharts Eltern – wurden 1836 in Muhen verzeigt, weil sie ihre Kinder in jenen «Hungerzeiten» nicht regelmässig zur Schule schickten. Im gleichen Jahre stand des Bärenwirts Bernhart zum ersten Mal vor dem Richter, weil er aus der Aarauer Bijouterie Cellier vier Goldringe gestohlen hatte. Ein Tuchdiebstahl brachte ihn 1841 erneut vor die Schranken – kurz bevor sich der Zwanzigjährige mit der Näherin Barbara Fischer verheiratete. «Aber auch diese um sechs Jahre ältere und als verständig geltende Weibsperson vermochte den haltlosen Burschen nicht im Zaume zu halten.» Nach verschiedenen Korn-, Mehl- und «Lewat»-Entwendungen wurde Mater im Juli 1844 zu dreijähriger Kettenstrafe in der Strafanstalt Baden verurteilt. Im Gefängnis richtete er für sich und seine Mitgefangenen ein «Tabakskollegium», eine mit Kirschwasser versüsste «Spielhölle», ein. Nach der Entlassung delinquierte Bernhart Matter nun in grösserem Stil. Als Chef einer Einbrecherbande, die in der ganzen Nordwestschweiz operierte, wurde er zusammen mit seiner Konkubine, der Kellnerin Höchner, die er sich, wie es in den Akten heisst, «angeschnallt» hatte, in seinem Unterschlupf von der Polizei umzingelt, konnte jedoch durch den Kamin und übers Dach entkommen.

Jetzt begann sich das Verbrechenskarussell immer schneller zu drehen: Diebstähle, Einbrüche, Verhaftungen und Ausbrüche folgten sich ununterbrochen. Obwohl er in den Gefängnissen meistens mit Ketten an den «Block» gefesselt wurde, verstand es Matter geschickt, sich mit Feilen und Messern, Nägeln und Nadeln oder mit zusammengeknüpften Bettüchern immer wieder den Weg in die Freiheit zu bahnen. So wurde er zum Schweizer «Ausbrecherkönig». Besonders bewundert wurde seine Flucht aus dem dritten Stock des Badener Zuchthauses, wo er in wochenlanger Arbeit bei jedem Gang zum «Privat» neue, mit Brotresten sofort wieder verklebte Löcher in den Holzboden bohrte, bis er diesen schliesslich herausheben und sich am Abtrittrohr zur Limmat hinunter abseilen konnte.

Jetzt folgten «solo und en compagnie» Diebereien im Mittelland und im Baselbiet: ein Hafen Anken da, Weiberschuhe dort, Glätteisen, zwölf Flaschen 1834er-Wein, zwei Eier-Kratten, ein Käslaib, zehn Kerzen, silberne Esslöffel, Geld und Gold… Auf seinen Beutezügen lernt der originelle Halunke viele Frauen kennen. Katharina Weber von Marlenheim im Elsass schrieb dem kriminellen Don Juan: «Vielgeliebter Schatz meines Herzen, das ist shon der tride Briefe wo ih ihnen Shreibe ohne die gerinste Anwort zü erhalten…» Katharina Trautmann aus Mülhausen schwärmte gleichfalls: «Es liegt mier Etwas heimliches in meinem Herzen du weisst wol wie sehr ich dich geliebet habe oh Gott Mein Herz seufzet Nach dir ich werte Nicht mehr fröhlich sein bis ich dich Teuerster geliebter wieter kann in Meine arme und einen süssen Kuss auf deinen Munn drücken…»

Aber auch seine Ex-Gattin Barbara blieb ihrem Bernhart verbunden – mit gestohlenem Tuch blätzte sie von Zeit zu Zeit seine «Arbeitshosen» aus. Bei Tanzanlässen jedoch trug Matter meistens einen Schwalbenfrack und ein «Goxöfeli»: «Alle Maitli waren in ihn verschossen!»

1850 liess sich der Mann aus Muhen als päpstlicher Rekrut anwerben. Auf dem Marsch nach Mailand desertierte er aber bereits in Ruswil. Nach einer Schmugglerperiode im Raume Basel (er «schwärzte» Zigarren über die französische Grenze) wollte sich der flotte Bernhart in die Neue Welt absetzen. In Paris holte er sich die «geheime Krankheit», schrieb einen seine Spur verwischenden Brief aus «Warseli» (Versailles) an die Aargauer Polizei, wurde jedoch vor der

«Das ist der Bernhart Matter
Grobe Knochen hatt' er
Seine starken Hände
Zerbrachen Tür und Wände
Auch hatt' er flinke Beine –
Die Polizei hatt' keine!»

Einschiffung bei der Gesundheitskontrolle in Le Havre als
noch «räudig» befunden.
Nach der Rückkehr in die Heimat polierte er seine Popularität mit besonderen Eskapaden auf:
Der Landjäger Ammann von Kölliken hatte sich als Frau
verkleidet, weil die Polizei wusste, dass Matter «scharf auf

Weiber» war. Zwei Bauernburschen merkten nun, dass die von ihnen hofierte hübsche Dame falsch war und sie verfolgten johlend den transvestierten Hüter der Ordnung, der schliesslich, hart von ihnen bedrängt, einen der beiden erschoss und dafür anderthalb Jahre Festungshaft kassierte. Der Meisterdieb erfuhr diese «Matteriade» direkt von der Gattin des Inhaftierten, die dem adretten Gast bereitwillig die Geschichte erzählte. «Der nette Gentleman mit den Spendierhosen» schenkte zum Abschief dem Söhnlein seines Häschers noch ein Zweifrankenstück…

Ein armes Mädchen aus Buchs ging durch den Brestenberg-Wald. Ein elegant gekleideter Herr fragte es unterwegs, wohin es gehe. Es müsse auf die Kasse nach Aarau, um dort das Zinsgeld einzulegen. Matter (er war der «feine Monsieur») hatte zuerst die Absicht, das Mädchen zu berauben. Als er nun im Sparheft sah, wie klein das Guthaben war, gab er seinem Opfer einen Fünfliber und schrieb ins Büchlein: Einlage von Bernhart Matter: Fr. 5.–.

Er trug auch einem Knaben Esswaren und sagte ihm dann, er solle seinen Eltern schöne Grüsse vom Matter ausrichten. Ein andermal befreite der Aargauer Robin Hood einen Bauern, der vom Landjäger von Suhr als angeblicher Matter verhaftet worden war: «Ich will nicht, dass einer unschuldig für mich leiden muss!»

Am 2. April 1851 wurde der «Volksheld» selbst verhaftet und nach Lenzburg ins Rathaus-Gefängnis geführt. Nach 58 Seiten Verhör-Protokollen folgte das Urteil: 20 Jahre Kettenstrafe. Zum Trost spendierten die Gattin des Gerichtspräsidenten und die Gefangenenwärterin dem charmanten Räuber heimlich Wein und Schnaps. Trotzdem unternahm der Frauenliebling verschiedene Ausbruchsversuche. Der fünfte gelang. Obwohl er so fest gebunden war, dass ihm die Ketten weder das Sitzen noch das Liegen erlaubten und er nicht einmal die Hände zum Gebet falten konnte, löste er sich die Handfesseln, demolierte eine Ofentüre, schlüpfte durchs Ofengewölbe in einen Vorraum, zerstörte eine morsche Kellerdecke und öffnete mit einem dort gefundenen Eisenstab die Gefängnistüren.

Matter lachte sich ins entfesselte Fäustchen und zog erneut von einem Versteck zum nächsten Unterschlupf: In der Nähe seines Heimatdorfes wurde er von der Tochter des Johannes Lüscher mit Essen versorgt, die nächste Nacht verbrachte er bei der Witwe eines Verwandten, und eine Verena aus dem Thalacker wärmte ihn bei sich auf der Kunst.

Im «Löwen» in Büron gab er sich am 25. Juli 1851 im «Weindusel» bald als Lüscher, bald als Lüthy aus. Der misstrauisch gewordene Wirt rief den Landjäger von Triengen, der Matter mit der Hilfe von vier jungen Männern dingfest machte und nach Aarburg überstellte. Zuchthausverwalter Bär auf der dortigen Festung schwor, solange er hier oben brumme, werde der «Leu» Matter ihm, dem Bären, nicht mehr aus den Tatzen kommen. Trotzdem machte der «Löwe» drei raffinierte, jedoch misslungene Fluchtversuche und stellte dann haftmüde ein Gesuch um Versetzung in eine ausländische Strafkolonie. Aber trotz der Intervention des Bundesrates (so prominent war Matter als «Staatsfeind Nr. 1» schon…) wollte England keinen «Strafschweizer» in Australien aufnehmen.

Mit seinem absoluten Meisterstück in Sachen Ausbruch floh Bernhart Matter in der stürmischen Nacht des 11. Januar 1853 auch aus der «sicheren» Festung Aarburg, indem er sich (nach mehrwöchiger stiller Vorbereitung) durch ein freigekratztes Mauerstück zwängte und sich an Leintuchstücken die hohe Mauer hinunterliess. Mit 40 Pfund Ketten an den Beinen hetzte er durch die Wälder. In Oftringen durchfeilte er dann mit einem Sensenblatt die Fussfesseln. In seinen weiteren «Aktivitäten» wurde «Der Schrecken des Aargaus» nun auch durch Imitatoren, durch Pseudo-Matters, konkurrenziert. Ein gewisser Fäsch aus Rixheim im Elsass (mit einem falschen Bart) und Johann Lüscher, ein Spengler aus Othmarsingen, versuchten im Windschatten des echten «Erzschelms» trübe Geschäfte zu machen. Am 2. Januar 1854 kehrte Matter im Gasthof «zur Herberge» in Teufenthal ein. Dort wurde er vom Wirtssohn Hans Karrer erkannt, worauf der Bezirksamtmann Steiner und der Amtsschreiber Merz zusammen mit dem Lehrer Mauch den mit zwei Pistolen bewaffneten Meisterdieb überwältigten. Während Matter schon im Gefängnis in Aarau sass, bekamen etliche der an seiner Verhaftung Beteiligten anonyme Drohbriefe von «Matterfreunden».

Am 15. April 1854 wurde das kriminelle Original vom Bezirksgericht Lenzburg zum Tode verurteilt, obwohl Matter nie einen Menschen verletzt hatte. (Wenn wir die heutigen Rechtsmassstäbe anwenden würden, wäre der Delinquent wohl mit wenigen Monaten «bedingt» davongekommen…)

Am 23. April unternahm Bernhart einen verzweifelten letzten Ausbruchsversuch, bevor man ihn erneut «bis zur Inhumanität» fesselte. Nach der Todesurteilsbestätigung durch das Obergericht und der Ablehnung des Gnadengesuches durch den Aargauischen Grossen Rat war für Matter jede Hoffnung geschwunden.

Als Scharfrichter Mengis von Rheinfelden am 23. Mai beim Abendbrot sass, klirrte plötzlich das grosse Richtschwert an der Wand. «Es will wieder einmal Blut trinken!» sagte Mengis, «gewiss gilt's dem Matter!» Mengis benachrichtigte sofort seinen «Assistenten» und rüstete sich zur Abreise nach Lenzburg. Erst eine Stunde später traf das Telegramm mit dem Aufgebot aus Aarau ein. Vor über 2000 Neugierigen wurde Bernhart Matter um halb sechs Uhr abends am Mittwoch, dem 24. Mai 1854, auf der Lenzburger Richtstätte Fünflinden von Mengis und seinem Henkersknecht in Empfang genommen. «Der Todesschweiss rann wie Bach von seinem leichenblassen, verzerrten Gesicht. Deutlich hörten die Zunächststehenden Matters Seufzer: ‹Ach Gott! Mein Vater! Meine Mutter!›» Sekunden noch, und der meisterhaft geführte Streich des Scharfrichters hatte dem verscherzten Leben des Unglücklichen ein Ende gesetzt. Matters grauslicher Tod liess die Legenden über diesen «eidgenössischen Sonderfall» noch üppiger blühen.

So behauptete man, Matters Haupt sei nach des Henkers Streich einem Mädchen vor die Füsse gerollt. Als es mit einem entsetzten Aufschrei zur Seite springen wollte, soll der blutende Kopf die Jungfer noch ins Bein gebissen haben…

Max Bircher-Benner
Der zornige Titan

In den ersten Morgenstunden der Sommernacht des 22. August 1867 brannte es in der Aarauer Glockenwerkstatt Rütschi, gegenüber dem Wohnhause des Notars Heinrich Bircher. Es krachte im Gebälk der Giesserei, Funken regneten auch über die Nachbarschaft. Die junge Anwaltsgattin war hochschwanger und wurde von den Schrecken der Feuersbrunst so beeindruckt, dass sie vorzeitig niederkam und zwei Monate zu früh ihren zweiten Sohn gebar: Max Bircher. Der dadurch etwas schwächlich geratene Sprössling kam also tatsächlich im «Feuersturm» zur Welt.

Turbulent waren auch Birchers Jugendjahre:

Im Kantonsschülerverein «Argovia» verfasste er die «Bierzeitung», wurde als 18jähriger Kadetten-Artilleriehauptmann – schon als zehnjähriger Trommelvirtuose hatte Max Bircher zehn verschiedene Tagwachen schlagen gelernt. Am Klavier begleitete der Maturand die spätere Primadonna Erika Wedekind bei ihrem ersten öffentlichen Auftreten. Als Solist spielte Bircher beim Ball der Aargauer Schülerschaft Beethovens Klavierkonzert in C-Dur.

Die beliebte Schweizer Dichterin Sophie Hämmerli-Marti schwärmte:

«Der Augenblick, da er das Podium betrat, ist mir unvergesslich. Das war kein Adonis, kein Geniejüngling. Still und bescheiden setzte er sich an den Flügel, beugte sich auf die Tasten und wartete, bis kein Hauch mehr zu hören war. Dann versank alles unter der Gewalt einer seelenbewegenden Musik, die den Saal erfüllte: Beethoven war mir in der Interpretation Birchers zum grossen Erlebnis geworden…»

Mit 19 wirkte das junge Multitalent bereits als Klavierlehrer, trieb russische Sprachstudien, lernte «nebenbei» die Buchbinderei, band sich alle seine Bücher selber ein und konstruierte schliesslich noch in der Glockengiesserei, die seine Geburt mit so furchterregendem Feuerwerk eingeleitet hatte, eine «Zehntelpferdekraft-Dampfmaschine».

1886 geriet Birchers Vater in grosse finanzielle Schwierigkeiten, weil er für Freunde Bürgschaften eingegangen war. Auch Max Bircher hatte dadurch schlaflose Nächte, bis ihm sein Reitlehrer riet, sich in nasskalten Decken ins Bett zu legen. Der Belehrte ging heim, tauchte ein Leinenlaken in den Hofbrunnen, wand es aus, breitete es über eine Wolldecke und rollte sich gut ein. Der angehende Arzt zog die Lehre aus dieser Empfehlung: Ich muss meine Aufmerksamkeit auch jenen Anregungen zuwenden, die aus Laienkreisen kommen.

Als 1891 der Zürichsee zufror, wollte es Bircher noch kälter: Er studierte morgens um halb fünf bei offenem Fenster in eiskalter Luft in eine Wolldecke gehüllt...

Am 1. Dezember 1891 eröffnete der junge Arzt seine Praxis im Zürcher Industriequartier, heiratete zwei Jahre später die Elsässerin Elisabeth Benner und führte von da an den Doppelfamiliennamen Bircher-Benner. Als Max im Herbst 1894 an Gelbsucht erkrankte, probierte er es mit einer Apfeldiät, die er dann auch erfolgreich bei einer angeblich hoffnungslos an einem Magenleiden erkrankten Patientin ausprobierte. 1895 folgten umfangreiche Untersuchungen der «Frischnahrungswirkung» im Familienkreise. Nach Studien bei Professor Winternitz (Hydrotherapie) eignete er sich auf der Basis von Kneipp und Priessnitz gründliche Kenntnisse in der Wasserheilkunde an. Er besuchte auch Vorlesungen von Siegmund Freud.

1897 gründete Bircher eine kleine Privatklinik, um zuverlässiger feststellen zu können, wie seine Kuren auf die Patienten wirkten. Dass die Nahrung stets so lebensfrisch wie möglich zubereitet wurde, war ihm im Sinne des Physikers Wilhelm Ostwald («Wir essen in den Pflanzen Sonnenenergie») äusserst wichtig.

Im Januar 1900 entschloss sich Bircher-Benner, die Zürcher Ärztegesellschaft zur Mitwirkung an seinen ernährungsphysikalischen Experimenten und Versuchsserien zu animieren. Das geschah in einer Zeit, wo man noch fast nichts von Vitaminen wusste. Die Medizinerkollegen jedoch lehnten es ab, sich Serien von Hypothesen überhaupt nur anzuhören. Kühl erklärte der Präsident der Zürcher Ärztegesellschaft: «Herr Bircher hat die Grenzen der Wissenschaft verlassen!» Das war eine eigentliche Exkommunikation aus der akademischen Forschung, die damals eben nur in der Zementierung von sakrosankten Lehrsätzen bestand und die Neuland gar nicht betreten wollte.

Die Zahl jener Bircherschen Patienten jedoch, die von anderen Ärzten der Schulmedizin aufgegeben worden waren und die bei Bircher-Benner letzte Hilfe fanden, wuchs unaufhaltsam. 1904 gründete der Pionier der Ernährungslehre ein Institut auf dem Zürichberg, das während des Ersten Weltkriegs 80 Patienten aufnehmen konnte. Dann erschienen die «Grundsätze der Ernährungstherapie» und das erste Kochbuch für die diätetische Küche von Birchers Schwester Alice. Der «Homo divinans», der ahnende, vorausschauende Mensch und Forscher Bircher-Benner war «nebenbei» auch noch Familienvater. Seine Gattin, die Mutter von sieben Kindern, bezeichnete ihren Mann als «patriarchalischen Wirbelsturm». Sogar gegenüber seinen prominenten Patienten war Bircher sehr autoritär. Einen russischen Grossfürsten, der sich nicht den Vorschriften fügte, wies er samt Gefolge rigoros aus der Klinik. Auch Thomas Mann war beim Diätheiler Patient: «Ich bin im Sanatorium Bircher», schrieb er am 6. Juni 1909 einem Freund, «wo man um sechs Uhr aufstehen und um neun Uhr das Licht löschen muss. Das ist hart. Zu Anfang stand ich beständig mit trotzigen Entschlüssen ringend vor meinem Koffer. Ich bereue es aber nicht, durchgehalten zu haben – meine störrische Verdauung besserte sich erstaunlich…»

Dr. Bircher führte die Arbeitstherapie ein: «Sie wissen doch, dass wir Ihnen zur Gesundung verhelfen. Sie sind hier nicht zum Pillenschlucken da…»

Vater Bircher war so in seine Tätigkeit (draussen im Garten mit seinen Patienten oder im Hause in der «Ordination» bei seinen Studien) vertieft, dass sein Sohn Ralph als 17jähriger

Max Bircher-Benner –
«schwarzer Halbteufel»
oder «vergoldeter Halb-
gott?»

einmal 15 Franken für eine Konsultation zusammensparte, um mit seinem «alten Herrn» ungestört sprechen zu können. Der «Menschenseele Not» und «Vom Werden des neuen Arztes» heissen die grundlegenden Werke, in denen Dr. Bircher seine Erkenntnisse und Erfahrungen publizierte. Ganz im stillen wirkte seine Gattin, die jede Woche vier blinde alte Frauen zum Nachmittagstee empfing. Rainer Maria Rilke verkehrte ebenfalls im Hause Bircher-Benner. Rilke inspirierte auch den Titel der Bircherschen Zeitschrift «Wendepunkt», in der immer wieder die «Ganztherapie», der Gesamtheilplan, propagiert wurde: richtiges Atmen, die fein abgestimmte Beziehung zu den Umweltrhythmen – eine Suggestion, Induktion und Chiropraktik einbeziehende kompendialistische Gesundheitslehre.

Ein abstinentes Leben und «Gott als eine stille Sache», um die man nicht zuviel Geräusch machen sollte – das waren weitere Komponenten von Birchers Existenzphilosophie. Sein Birchermüsli hat diesen eigenwilligen Gelehrten zwar bis heute im Gedächtnis des Volkes erhalten, die fruchtig-körnig-milchige Speise allein ist aber nur ein Randaspekt des Lebenslaufs von Maximilian Bircher-Benner.

Abends um zehn Uhr am 24. Januar 1939 hörte die mit der Betreuung des 72jährigen herzkranken Heilkundlers betraute Krankenschwester ein herzzerreissendes Hundegeheul der drei Pekinesen, die den Tod ihres Herrn ankündigten.

Sein Sohn Ralph – er übernahm 1932 die Redaktion des «Wendepunkt» – schildert uns den «Erkenntnisberg», den sein Vater aufgebaut hatte: «Wer wusste besser als er, was Kultur ist? Schon in seiner Jünglingszeit kam er in Verbindung mit edlen Geistern. Später sind ihm Dichter und Denker, Musiker und Pädagogen, Gelehrte und Fürsten zugeströmt und haben von ihm nicht nur die Wiederherstellung ihrer Gesundheit und Leistungsfähigkeit, sondern auch Anregung im ‹Eigentlichen› erhalten, getreu seinem Leitsatz: ‹Sich um seine Ernährung und um seine Gesundheit kümmern hat nur einen Sinn, wenn daraus ein höheres Leben entsteht.›»

«Der weise Silberbart», oder «der zornige Titan», wie Bircher-Benner genannt wurde, ist zum Begriff, zur Fahne, zum Meister vieler Gesundheitsapostel geworden. Gleichgültig gelassen hat Leben und Werk von Max Bircher-Benner niemand. Seine Originalität war Qualität im Multitalent, Charakterfestigkeit in Seele und Geist, missionarische Überzeugungskraft.

Fred Spillmann
Der Paradiesvogel

«Bis zu meinem vierten Altersjahr war ich ein Mädchen. Meine Mutter nannte mich Miriam. Ich ging in Mädchenkleidern und Mutter präsentierte mich als ihr Töchterchen. Ich trug Prinzessinnenkleider. Meine Haare waren blond und eine Katastrophe – dünn und steckengerade. Jeden Morgen hat man sie mir geduldig um ein Setzholz gedreht. Als mein Vater einmal diesem täglichen Affentheater zuschaute, hat es ihn verjagt: ‹So, jetzt ist dieses blödsinnige Spiel vorbei – jetzt wird das verdelli ein Bub!› Er brachte mich zum Coiffeur und donnerte ‹Haar ab!›. So wurde ich zum Fred Spillmann…»

Um sein Geburtsjahr hat der eitle Basler Couturier stets ein Geheimnis gewoben. Das amtliche «Kontrollbüro» enthüllt uns den 8. März 1915.

Seine exzentrische Originalität hat Fred Spillmann sehr wahrscheinlich von seiner Grossmutter mütterlicherseits geerbt. «Die Wittich», wie sie genannt wurde, rauchte Zigarren und hatte offene Ohren für die grossen Chancen. Als sie hörte, dass die Badische Bahnverwaltung in Basel Terrain für einen Bahnhof suchte, «knallte sie sich sämtlichen Schmuck an den Ranzen und liess sich mit dem Wägeli in Karlsruhe vorfahren. Grossspurig handelte sie mit den Bahndirektoren den Preis aus, wurde schnell einig, vergass jedoch diskret dabei zu sagen, dass sie das entsprechende Land zwar kannte, aber noch gar nicht besass, sondern es erst hinterher mit den zugesicherten Finanzen ihrer Käufer erwarb: Das Schlitzohr machte dabei einen Schnitt in Millionenhöhe!»

Von eben dieser resoluten Grossmutter waren Fred Spillmanns Eltern regelrecht verkuppelt worden. «Es wurde die glücklichste Ehe der Welt – manchmal so glücklich, dass die Leute das frohe Scherbeln der Teller miterleben konnten, wenn wieder einmal Flugzeit war.» Aus seiner Jugend blieb Fred auch der zusätzliche Haushund Emmeli, ein rosiges Hausschwein, in Erinnerung, sowie sein resoluter Vater, der Confiseur, der ungeniert Kundinnen, die sich über die Qualität der Spillmannschen «Därtli» beschwerten, die Süssigkeiten vor seinen Augen aufzuessen befahl. Im «Café Spillmann» verkehrten u. a. Königinmutter Wilhelmina von Holland und der deutsche Reichskanzler Gustav Stresemann. So war Fred schon früh mit der «grossen Welt» in Verbindung. 1929 kam er an die Reimann-Modeschule nach Berlin (in die Hauptstadt des Vergnügens, «ein absolut verrücktes Pflaster»). Fred Spillmann besuchte «aus Freude am Kostümieren» auch die Max-Reinhart-Schule und traf dort den Dichter Ringelnatz und die Operettenkönigin Fritzi Massari.

Bei «Philippe et Gaston» und bei Sciaparelli in Paris holte sich Fred weiteres modisches Flair, und 1937 startete der Couturier seine erste Modeschau im eigenen Atelier am Rheinsprung in Basel.

Als der Krieg begann, kaufte Spillmann konträr zum allgemeinen Trend massenweise Stoff ein (u. a. das gesamte Lager des «Volksmagazin» in Luzern). Mit einem schwarzen Trauermantel, Modell «Paris», innen mit Bleu-Blanc-Rouge-Futter und der goldenen Inschrift «Je reviendrai…» provozierte der Modeschöpfer die Basler Sympathisanten der Nazis. Prompt wurde er ins deutsche Konsulat gebeten: «‹Heil Hitler!›, grüsste mich der Konsul. ‹Heil dir Helvetia!›, grüsste ich zurück. Darauf er mit gewinnendem Lächeln: ‹Es passiert Ihnen nichts. Wir möchten nur wissen, ob Sie jüdisches Geld in Ihrem Geschäft haben?› ‹Das geht Sie einen Scheissdreck an›, lächelte ich ebenso gewinnend zurück…»

1946 dann, in Paris, traf Fred Spillmann André Peguillet, der als «Monsieur Péghy» privat und auch im Atelier sein Lebensgefährte wurde. Die Nachkriegsjahre brachten der Spillmann-Couture prominenteste Kundschaft. Schwerreiche Amerikanerinnen bestellten bis zu 60 Modelle pro Saison, Clavels vom «Wenkenhof» in Riehen und die Baronin Thyssen gehörten zum «Stamm». «Ich habe Josefine

Fred Spillmann: «Ich bin ein Joker, gehöre aber eigentlich nicht zum Spiel.»

Baker, die Mistinguette und die Caballé angezogen», schwärmte Spillmann in seinen Memoiren, «für Orlikowskys Basler Ballett kleidete ich ‹Dorian Gray› in Gelb und Schwarz ein. Später hat man den Effekt in der Ascot-Szene von ‹My Fair Lady› mit Audrey Hepburn und Rex Harrison kopiert.» Maria Schell zählte ebenfalls zur Clientèle, jedoch verkrachte sich der Modegestalter mit Georg Kreisler, den er als «eine alte, aufgeblasene Sardine im Frack» beschimpfte. «Auch Bea Kasser gehörte zu meinen engsten Freundinnen. Ich habe sie auf einer Reise durch Ägypten auf dem Schiff kennengelernt. Sie war eine bezaubernde Frau, erhielt täglich Hunderte von Rosen – und mixte in ihrer Luxuskabine diese Cremen und Salben, die dann später durch die ganze Welt gehen sollten.»
Hunderte von Baslerinnen und Baslern rühmten sich, ihren Fred Spillmann ganz genau zu kennen. Wer zum «Daig» der oberen Zweitausend gehörte, erzählte Anekdoten und Histörchen über die Abenteuer und Eskapaden des witzigen Outsiders, was er so alles getrieben hatte in Paris und auch am Rhein im Kreise jener Künstler/innen um Irène Zurkinden, Lotti Kraus, Dorette Huegin, Alexander Zschokke

und Kurt Pauletto. Und wie unerhört skandalös das damals gewesen sei. Fred selbst gab zu, dass tatsächlich viele Dutzend später mehr oder weniger prominent gewordene Bebbi sich rühmen durften, mit ihm, dem Stadtoriginal, zur Schule gegangen zu sein: «Das ist schon möglich – so viele Male wie ich hockengeblieben bin…»

Manchmal trauerte der stets «topmoderne Nostalgiker» den guten fünfziger Jahren nach: «Heute kleben sie ein Krokodil auf ein Hemdchen, um das Ego zu heben. Unseren Röcken hat man auch ohne Firmenaufdruck angesehen, aus welchem Atelier sie kamen…»

Wenige Tage vor seiner 100. Modeschau starb Fred Spillmann am 18. September 1986 an einem Herzversagen. Die Präsentation seiner Jubiläumskollektion vor «tout Bâle» wurde so unversehens zur Trauerfeier. Sie stand unter dem Spillmannschen Lebensmotto: «Ob's ein Minus oder Plus – zeigt der Schluss». Eines steht fest: Im an Originalen so reichen Basel war Fred Spillmann ein Super-Original!

Theophil Gubler
Sportler und Sparer

Er ist ein Alleskönner: Als Velo-, Tandem- und Hochradfahrer, als Frühautomobilist und per pedes durchquert er Europa, Afrika und die Vereinigten Staaten, er fliegt mit Oskar Bider als erster Schweizer Luftreporter, er besteigt über hundert Schweizer «Top»-Gipfel, kann konzertreif Klavier spielen, spricht deutsch, französisch, englisch, spanisch, holländisch, alt- und neugriechisch und promoviert schon als 23jähriger in Oxford mit einer Sanskrit-Dissertation zum Dr. phil. Als wohlbestallter Basler Gymnasiallehrer redigiert und schreibt (!) er insgeheim das «Neue Schweizerische Sportblatt» und ab 1903 die «Sportwochenschau» der «NZZ». Er kennt die «Aviatiker» Kimmerling, Grandjean, Réal, Borer und Liwentaal und schreibt 15 eigentliche Pionier-Bücher über Fahrrad- und Autoverkehr, darunter den Standard-Bestseller «Der Kampf um die Strasse». Noch mit 65 Jahren schafft der quirlige Theophil das Sportabzeichen in neun Sparten. Dr. Gubler korrespondiert mit Max Müller, dem englisch (und indisch: Mokscha Mulara = Wurzel der Erlösung) naturalisierten Sohne des deutschen Dichters Wilhelm Müller («Am Brunnen vor dem Tore…»). Im Zweiten Weltkrieg wird «T.G.» auch noch zum Energiesparer par excellence: Der superisolierte, wattierte «Allzweckanzug» für Haus und Hof macht ihn und seine Töchter zu vielgelobten Vorbildern des Brennmaterialsparens.

Jagi Fischer
Der Stierkämpfer

Er wurde (mindestens) 94, stammte aus Brienz und war wohl einer der kräftigsten Berner Oberländer. Jakob Fischer wurde 1816 geboren. Als Senn sömmerte er auf der Hinterburgalp am Fusse des Axalphorns auf rund 1900 Metern. Einmal wurde «Jagi» (der Umstand, dass er Junggeselle war und bleiben wollte, war ihm sehr wichtig!) von einem wütenden Stier angegriffen. «Zwei Stunden dauerte der Heldenkampf», schrieb eine Schweizer Zeitschrift, «entfernt von jeder menschlichen Hilfe. Jagi hatte den Stier am Ober- und Vorderschenkel gefasst und suchte ihn durch einen Hüftschwung auf den Rücken zu werfen. Der sechs Zentner schwere Koloss wehrte sich. Als Jagi seine Kräfte schwinden fühlte, packte er einen schweren Stein und warf ihn dem Stier zwischen Hörner und Augen, so dass er eine Bergwand hinunterrollte. Der Stier erholte sich zwar langsam wieder, aber er war so zahm und mild geworden, dass er sich nun von jedem Kinde führen liess.»
Eine Milchbränte mit 50 Litern vom Hasliberg (wo Jagis Eltern Weidegüter besassen) nach Brienz hinuntertragen, das war für den Jagi kein Problem. Als man ihn fragte, wie oft er abstelle und ausruhe, meinte er kühl: «Abstellen tue ich nie, aber wenn jemand mit mir ‹dorfet› (plaudert), so stelle ich mich etwa zehn Minuten hin, ohne die Bränte vom Rücken zu nehmen – und dann gehe ich weiter…»

Als «Jagi der Titane» 94 wurde, liess er sich mit seiner Zipfel-kappe vom Brienzer Photographen Schild «nach der Natur» aufnehmen.

Karl Jauslin
«Alles aus dem Kopfe»

Sein Grossvater hatte als «Revoluzzer» anno 1833 bei den Gefechten der Baselbieter gegen die «Stadtfräcke» die Trommel geschlagen, sein Vater war Landjäger. Als 6jähriger sah der am 21. Mai 1842 in Muttenz geborene Karl Jauslin die deutschen Revolutionsflüchtlingssoldaten: Sappeure in Bärenmützen und Schurzfell, Reiter mit Rossschweifhelmen, Ulanen und Husaren. Als Vater Jauslin Gefängniswärter in Liestal wurde, liess sich der kleine Karl von einem gebildeten Gefangenen die ersten Grundbegriffe der Zeichenkunst beibringen. «Sobald ich einen Bleistift, einen Griffel und ein Stück Papier erhaschen konnte, musste gezeichnet und mit schlechten Farben gemalt werden!» Vater Jauslin liebte es, sich in Helm und Harnisch, mit der Hellebarde in der Hand als alter Eidgenosse oder als Traintrompeter auf einem Schimmel bei Sänger- und Schützenfesten zu produzieren. Der Zauber martialischer Monturen erfasste so den jungen Karl mit Macht; um so stärker, als sein Vater nach Allschwil versetzt wurde, wo Karl mit ihm auf Grenzpatrouillen französische Gendarmen mit grossen Napoleonshüten, gelbem Lederzeug und Schwalbenschwanzröcken sowie desertierte Dragoner mit roten Hosen und langem Palasch an der Seite kennenlernte. In Waldenburg ging Karl Jauslin mit dem späteren Bundespräsidenten Emil Frey in die Bezirksschule. Im Reigoldswiler Wald schlug sich Vater Jauslin im Hochsommer mit einem Uhrendieb herum. «Als mein Vater blutüberströmt mit dem ebenso blutigen Arrestanten, einem stämmigen Berner Oberländer, im Städtchen anrückte, waren beide halbtot von der Hitze, dem Kampf und dem Blutverlust. Von da an musste auf allen meinen Bildern Blut fliessen, stromweise, und durch und durch gestochen sein mussten die Leute…»

Karl Jauslins Schwesterchen Karolina wurde vom durchreisenden König Pedro V. von Portugal auf den Armen getragen und geherzt, weil dem leutseligen Monarchen das blondlockige, blauäugige Kind beim Spielen vor dem Hause aufgefallen war.

Als Vater Jauslin 1858 starb, musste der 16jährige Karl als Maurerhandlanger die Familie ernähren. Dann folgte (zusammen mit der älteren Schwester Emma) mühselige Fabrikarbeit in Dornach und eine Lehre als Dekorationsmaler in Basel. Um seinen Gönner, den Stabsmajor Achilles Alioth, zu täuschen («er war im Glauben, dass ich in Basel ein Künstler werde…»), malte Jauslin hie und da Landschaften. «Ich war nur Anstreicher und Farbenreiber, und meine Ideale gingen fast in Trümmer. Elf Jahre lang musste ich so dahinvegetieren.»

Im Winter ging Jauslin am Abend von seinem Wohnort Muttenz aus zu Fuss nach Basel, um dort beim Zeichnungslehrer Larte und beim Maler J. J. Neustück Unterricht zu nehmen. «Ich erhielt das Diplom für Zeichnen und Modellieren und das Lob vor den anderen, dass ich trotz Sturm, Schnee und Regen nie gefehlt hätte, obschon ich allemal erst so Nachts zwölf Uhr nach Hause kam.»

Ab 1868 malte Jauslin neben der Brotarbeit für die Familie auch Sonnenstoren und Ofenkacheln, musste aber oft ein ganzes Jahr auf Bezahlung warten. Der empfindsame Jüngling, «vor Schmerz, Liebe und Sehnsucht brennend», war in jener Zeit «unsäglich wehmütig». Unter dem «Dichternamen» Carolano Schoslino schrieb er «mit Herz und Hand Lieder fürs Vaterland». Als seine Freundin mit ihren Eltern nach Amerika auswandern musste, verfasste er seine eigene Grabinschrift: «Hier ruht von Helvetia Karl Jauslin, eines glücklichen Landes unglücklicher Sohn».

Als der Siebzigerkrieg ausbrach, kam endlich die grosse Chance: Die Zeitschrift «Über Land und Meer» suchte einen «Zeichner und selbständigen Compositeur von Schlachtenbildern». Jauslin sandte eine schnell auf blaues Briefpapier gekritzelte Skizze der Schlacht von Wörth und wurde bald darauf nach Stuttgart berufen. «Hier arbeitete ich nun Tag und Nacht, nach Zeitungsnachrichten, brühwarme Schlachtenbilder und musste sie sofort auf Holz zum Schnitt zeichnen. Es ging wie geschmiert, und die Deutschen kamen kaum nach mit Siegen, so schnell zeichnete ich drauflos – und alles aus dem Kopfe. Wer wusste das – der Leser? Ha! Kaum einer!»

Endlich hat Jauslin Erfolg. Er kann der Mutter und seinen Geschwistern Geld überweisen und sich selber Studien an der königlichen Kunstschule in Stuttgart finanzieren. Er zeichnet auch die Hochzeit des Herzogs Eugen von Württemberg mit der russischen Grossfürstin Wera Konstantinowna am 8. Mai 1874, zu der ihn befrackte Diener ins königliche Schloss abholten. «Das Militär präsentierte, als ich hereinschritt, und da dachte ich: Wenn die wüssten, dass ich nur ein armer Schweizer bin, würden sie es bleiben lassen. Es war köstlich: der Jauslin von Muttenz…»

Die Direktion der königlichen Kunstschule bat dann die Regierung des Kantons Baselland um ein Stipendium für den «hochtalentierten Schüler». «Baselland wollte das Stipendium geben, ausnahmsweise für mich, da für die Kunst sonst kein Posten im Staatsbudget stand – aber es war zu wenig zum Leben und zum Sterben.» Jauslin reiste nun als Porträtmaler und Zeitungsillustrator nach Ludwigshafen, München und Wien. Dann kam eine Anfrage aus Bern samt einem Reisevorschuss von hundert Franken. Ob er, Karl Jauslin, zusammen mit den Malern Roux und Bachelin ein Murtner Festalbum zur 400-Jahr-Feier der Schlacht zeichnen wolle. Und ob er wollte! Jetzt kam – in doppeltem Sinne – Farbe in Jauslins Leben. Auch die grosse «Illustrierte Zeitung» aus Leipzig und viele Verfasser und Verleger von historischen Büchern und Erinnerungen suchten sich nun mit namhaften Angeboten die Mitarbeit des Künstlers zu sichern. Jauslin zeichnete Alben und Leporelli von Festumzügen, vom Zürcher Sechseläuten und von der Basler Fasnacht. Er illustrierte auch Emma Krons «Bilder aus dem Basler Familienleben». Diese Geschichte des Muttenzer Meieli, das als Dienstmädchen in die Stadt kam, erinnerte Jauslin sicher auch an seine eigene unglückliche Neigung zu der Jugend-

*Karl Jauslin, der Verding-
bub der Kunst – «für Kultur
war im Kantonsbudget kein
Betrag vorgesehen…»*

freundin, die ja ebenfalls die Heimat verlassen musste. Trotz
den wunderschönen farbigen Helgen hatte die Chronik von
Emma Kron aber keinen Erfolg, weil sich in diesem
Schlüsselroman allzu viele Basler Persönlichkeiten entlarvt
fühlten. In 24 Nummern erschienen dann die «Schweizerischen Bilderbogen» als eidgenössisches Pendant zu jenen
legendären «Münchner Bilderbogen», die deutsche Eltern
ihren Kindern als Douceur fürs Bravsein schenkten.

1886 konnte Karl Jauslin für seine Mutter, seine Schwestern
Emma und Lina und sich ein Häuschen am Muttenzer War-
tenberg – im Schatten der mittelalterlichen Burgruine –
erwerben. Dort richtete er auch ein Atelier ein. Anstelle von
teuren Modellen begnügte er sich mit einer Gliederpuppe,
die er nach Bedarf mit historischen Uniformen, mit Rüstun-
gen und Waffen aus seinem eigenen Kostümfundus «garnie-
ren» konnte. Da er – und seine Familie – von rein künstleri-
scher Arbeit nicht leben konnte, zeichnete Jauslin Reklame-
bildchen und Werbeplakate für Cichorien- und Tinten-Fabri-
kanten sowie militärische und gewerbliche Urkunden.

1897 erschienen seine im ganzen Land verbreiteten, in Kalen-
dern abgebildeten und in allen Schulstuben hängenden

romantischen «Bilder aus der Schweizergeschichte». 1898 wurden als Eröffnungsumzug des Landesmuseums in Zürich «Die Schweizerischen Volkstrachten in Bildern aus dem Volksleben» präsentiert. 2788 Teilnehmer zeigten «Szenen von nie gesehener Pracht und Reichhaltigkeit. Das war wirklich das Schweizervolk, wie es leibt und lebt, und es musste kein rechter Schweizer sein, dem bei solchem Anblick nicht vor Freude und Rührung das Auge nass wurde.» Karl Jauslin durfte diesen vom gesamten Bundesrat (samt Familien) bestaunten Prachtscortège zeichnen, ein Auftrag, der grösste Ehre und Anerkennung bedeutete. Da wundert es uns nicht, dass dann auch die Kataloge des Basler «Kostümkaisers», eines der grössten Kostümverleiher unseres Landes, von Karl Jauslin gezeichnet und aquarelliert worden sind. Nach seinen Vorlagen wurden die Gewänder geschneidert, und der Künstler mit seinem wallenden weissen «Heldenbart» marschierte begeistert bei manchen Feiern in «seinen» Kostümen mit.

So auch am 25. September 1904 als malerisch gekleideter heroischer Bannerträger bei der Liestaler Denkmaleinweihung für die Opfer der Bauernkriege. Bevor sich jedoch der Festzug formierte, erlitt der berühmteste Muttenzer einen Schlaganfall, an dessen Folgen er am 12. Oktober 1904 verstarb.

Jakob Degen
Ein vergessener Flugpionier

Geburtstag: 14. November 1761, Geburtsort: Oberwil/BL, heimatberechtigt in Liedertswil/BL.

Als Elfjähriger zog Jakob Degen mit seiner Familie nach Wien, arbeitete zuerst als Seidenbandweber und absolvierte dann die ganze Skala des Uhrmachergewerbes: Geselle, Meister, Klein-, Gross- und Hofuhrmacher. Bei seinen Kontrollgängen zu den Kirchturmuhren der Umgebung von Wien beobachtete der Baselbieter die verschiedenen Flugarten der Vögel. «So entstand in mir der Gedanke, etwas dem Vogelfluge ähnliches durch die Technik darzustellen.» Als Degen den astronomischen Turm im «Schweizerhof» in der Wiener Hofburg revidierte, kam er in Kontakt mit dem jesuitischen Gelehrten Stelzhammer, der ihm weitere technisch-physikalische Kenntnisse vermittelte, die dann zum Bau der Degenschen Apparaturen führten. Nach sorgfältigen Studien entstand vorerst ein herzförmiger Schlagflügelapparat mit 7000 Klappen. Als Material verwendete Degen gefirnisstes Papier, Bambusröhrchen, Kieferäste, Seidenfäden, Leder und Eisen.

Am 15. November 1808 flog der Schweizer Aviatiker (der mittlerweile auch Bürger der Stadt Wien geworden war) vom Prater «unter dem Jubel des Volkes, einem Adler ähnlich, in unermessliche Höhen» und landete in Nussdorf. Weitere Aufstiege – natürlich immer mit einem Ballon als «Vorspann» – folgten im August, September und Oktober 1810, zum Teil in Gegenwart des Kaisers Franz I. und seines Hofstaates. Selbstverständlich gab es auch Pannen: Neugierige Zuschauer «rissen mit ihren ungeschickten Fingern Dutzende der feinen Schnüre entzwei und setzten den Mechanismus ausser Betrieb»; auch war schon bei mittlerem Wind ein Steuern des Apparates und mit ihm des Ballons sehr beschwerlich. Degen konstruierte deshalb einen Windmesser, den Prototyp all jener Windmesser, die heute noch auf Flughäfen in Funktion stehen! Als Kaiser Franz I. dem mutigen Pionier der Lüfte die Summe von 4000 Gulden verehrte und nach der Vorführung zudem noch «mild zu Lächeln geruhte», stand der Mann aus Oberwil an der Donau in hohem Ansehen. Der Dichter Jean Paul verlangte gar schon eine Flugordnung mit Luftaufsehern, «die jedem das Fliegen und Erheben untersagen, der nicht von Adel ist». Geblendet vom Applaus des Publikums und der eben zitierten «höheren» Gesellschaft, verkam nun Jakob Degen vom Erfinder und Forscher zum Schausteller – vielleicht auch deshalb, weil seine immer zahlreichere Familie die technisch-mechanische Kunst nach Brot rufen liess. 1811 lieferte er dem legendären «Schneider von Ulm» einen seiner einwandfrei konstruierten Schlagflügelapparate, der ohne weiteres für einen Gleitflug über die Donau hinweg funktioniert hätte, wenn der grosssprecherische Besserwisser nicht gewisse Lamellen heimlich entfernt hätte und so durch falschen Gebrauch des Leihapparates schmählich ins Wasser fiel.

Das Debakel von Ulm war Degen (zu Unrecht) lediglich «technisch» angelastet worden – viel schlimmer aber war, dass «der äusserst lächerliche Casus» des ins Wasser geplumpsten Schneiders der aviatischen Idee insgesamt einen Dämpfer versetzte. Jakob Degen beschloss deshalb, sein Heil im napoleonischen Paris zu suchen. Dort glückten die ersten beiden gesponserten Aufstiege. Dann aber hatte Degen mehrfaches Pech. Erstens wurde sein Apparat nächtlicherweile durch missgünstige Konkurrenten sabotiert und zweitens stürzte er am 5. Oktober 1812 auf dem Champ de Mars auf die Zuschauer, die ihn verärgert über den entgangenen Schaugenuss verprügelten. Der Chanson-Komponist D'Heutze publizierte ein Spottlied, das Vaudeville-Theater spielte «Paris-volant, ou la fabrique des ailes», während das Théâtre de la Variété die Posse «Vol au vent» präsentierte. In diesem Stück wird Degen eine heisse Romanze mit der Pastetenbäckerstochter Meringue angedichtet. Erst an Napoleons Geburtstag am 15. August 1813 hatte der Schwei-

Verspottet, verprügelt, sabotiert – der Schweizer Flugpionier Jakob Degen, einer der ganz grossen Erfinder und Forscher der Luftschiffahrt.

zer Aviatiker wieder Glück. Auch dank der «logistischen» Hilfe seiner fairen Konkurrentin Madame Blanchard überflog er der Seine entlang ganz Paris. 1815, als die alliierten Monarchen in Paris einzogen, erbat sich der mittellos gewordene Flugpionier vom österreichischen Kaiser neue Unterstützung. Nach Wien zurückgekehrt, begnügte sich der mittlerweile 54jährige Vater einer kinderfreudigen Sippe wieder mit dem Reparieren von Uhren. Insgeheim aber bastelte er an einem Helikopter-Modell. Im Juni 1817 stieg dieser erste praktikable Hubschrauber der Welt im Wiener Prater mit einem Uhrwerk 160 Meter hoch in die Luft, um dann an einem automatisch ausgelösten Fallschirmchen sanft zur Erde zu schweben.

1820 verkaufte Jakob Degen der Österreichischen Nationalbank verschiedene fälschungssichere Banknoten-Doppeldruckmaschinen. «Die revolutionierende Erfindung», so schrieb 1989 sein Nachkomme Hans R. Degen, «ist noch heute Grundlage des Banknoten- und Wertpapierdrucks in aller Welt – vorerst aber hatte damit Österreich eine Monopolstellung, und Jakob Degen hatte finanziell ausgesorgt.» Ab 1825 war er Leiter der mechanischen Werkstätten der Nationalbank. Zusammen mit seinem Sohne Carl konstruierte Degen eine Einrichtung für den «Congrave»-Druck, eine der allerersten Mehrfarbendruck-Maschinen. Im Technischen Museum in Wien werden heute noch Degens Guillochier-Maschine und Pläne seiner Flugmaschine gezeigt.

1841 trat Jakob Degen dann als 80jähriger von seinen Ämtern zurück. Seit dem 28. August 1848 ruht der Baselbieter als eines der ideenreichsten und fruchtbarsten Schweizer Originale aller Zeiten auf dem romantischen Wiener Biedermeier-Friedhof St.Marx. Sein Grabstein mit der kaum noch lesbaren Inschrift «Jakob Degen, Flugtechniker» ist von Fliederbüschen überwachsen. Der aviatische Pionier aus Liedertswil im Baselbiet ruht nicht weit von jenem Schachtgrab, in das am 6. Dezember 1791 der Leichnam von Wolfgang Amadeus Mozart gebettet wurde…

Leopold Wölfling
Hoheit in der Wurstbude

Er war das schwärzeste aller schwarzen Schafe des Hauses Habsburg: Am 2. Dezember 1868 kam Erzherzog Leopold Ferdinand von Bourbon-Parma im 120-Zimmer-Schloss seines fürstlichen Vaters in Salzburg zur Welt. 1891 verliebte sich der 23jährige k.u.k. Marineoffizier in seine 16jährige Cousine Elvira, die zweitälteste Tochter des spanischen Thronprätendenten Don Carlos. Aus politischen Gründen war aber Kaiser Franz Josef mit einer Heirat nicht einverstanden, obwohl die vorgesehene Braut durchaus mit hochadeliger Ebenbürtigkeit brillieren konnte. Als der habsburgische Thronfolger Erzherzog Ferdinand im Dezember 1892 auf der «Kaiserin Elisabeth» eine Weltumseglung startete, war auch der unglückliche Erzherzog Leopold zu dieser Expedition kommandiert. Er benahm sich aber – teils aus Liebeskummer und teils aus offenbar angeborener Exzentrizität – so total daneben, dass man ihn in Sidney von Bord schickte: Der Kaiser verordnete ihm festen Boden unter den Füssen. Als Infanterie-Major landete Leopold in der hintersten ruthenischen Provinz, in Przemysl. Nach einer «Zwischengeliebten» (mit Kind) traf seine kaiserliche Hoheit die Postbeamten-Tochter Wilhelmine Adamovic, eine ehemalige Kaffeehaus-Prostituierte, die er zum Ausgleich des Rang- und Bildungsunterschiedes ausbilden liess. Da diese Liaisons einigermassen diskret abgewickelt wurden, avancierte Leopold bis zum Oberst des 3. Feldbataillons in Iglau. Plötzlich aber schlug der Kaiser zu: Erzherzog Leopold wurde in eine Irrenanstalt eingeliefert, sein «Verhältnis» in eine Villa separiert.

Leopold versprach dem Kaiser Einsicht und Besserung – als er jedoch trotz seinem Kniefall nicht wieder ins Heer aufgenommen wurde, nahm der Gemassregelte aus Trotz die

Einer der wildesten und originellsten unter den «verbürgerlichten» österreichischen Erzherzögen war der Schweizerbürger Leopold Wölfling.

Beziehungen zu seiner Geliebten erneut auf und kündigte am 14. Dezember 1902 dem Kaiser an, dass er inskünftig kein Erzherzog mehr sein wolle, sondern nur noch ein bürgerlicher Leopold Wölfling. Nachdem seine Majestät und schliesslich auch der Vater des renitenten Sohnes ganz tüchtig ins Portefeuille gelangt hatten, heiratete Wölfling im Juli 1903 in Veyrier bei Genf seine Wilhelmine, die zusammen mit ihrem Gatten im Mai 1905 das Zuger Kantonsbürger- und somit auch das Schweizer Bürgerrecht zugesprochen erhielt. Auf Reisen erwies sich Frau Wölfling als Kultur-, sonst aber gar nicht als Abstinentin. Sie flirtete so heftig mit den textilfreien «Waldmenschen» von Ascona, dass Leopold sich im Juli 1907 scheiden liess. Der einstige Erzherzog war jedoch bereits im Oktober des gleichen Jahres wieder unter der Ehehaube: Die 33jährige Maria Ritter hatte zuvor in München unter sittenpolizeilicher Kontrolle gestanden und litt zudem an einem Nervenfieber, so dass auch diese Partnerschaft nach wenigen Jahren erneut in die Brüche ging. Von München aus wollte Leopold im Ersten Weltkrieg seinem österreichischen Vaterland mit der Waffe in der Hand dienen. Franz Joseph jedoch blieb hart: «Der Wölfling ist tot für mich und wird es immer bleiben!» In den Nachkriegsjahren fiel die habsburgische «Apanage» der Inflation zum Opfer. So wohnte der Ex-Erzherzog jetzt in der Schweiz und in Berlin auf Untermiete, war Übersetzer, Inserate-«Eintreiber», Autoverkäufer, Versicherungsagent, Vertreter, Hilfsregisseur, Schauspieler, «Wiener Würstelbudenbesitzer und Gemischtwarenhändler». Kein Wunder, dass eines der Memoiren-Bücher der gewesenen kaiserlichen Hoheit den Titel trägt «My Life Story. From Archduke to Grocer» (1930, London). 1933 verehelichte sich Leopold Wölfling zum dritten Mal: Anna Gröger war 24 Jahre jünger als der jetzt 56jährige. Als der «Gelegenheitsarbeiter» bei einem Sommernachtsfest auf dem Wiener Eislaufplatz Zitate aus seinem Enthüllungsbuch «Habsburger unter sich» vorlas, erntete er anstatt Trinkgelder Pfuirufe. Immer wieder versuchte «Habsburgs grösste Schande» schweizerische und österreichisch-republikanische Unterstützung zu erhalten. Am 4. August 1935 starb der Wahl-Zuger aus kaiserlichem Geblüt «in misslichen Umständen» in Berlin.

Schwester Stella
Orden für eine Solo-Nonne

Eigentlich heisst sie Margrit Rüegg – als «Schwester Stella
in Jesus und Maria» aber schreibt das einzige Mitglied ihres
Solo-Ordens «Gesandte der barmherzigen Liebe» religiöse
Briefe an den Papst, die Regierung, an Bischöfe und die
Presse. Schwester Stella behauptet, allein in ihrem Wohnort
Basel 800 000 Flugblätter verteilt, 2000 Briefe an «leitende
Stellen» und 207 Staatsschreiben an alle Regierungen der
Welt versandt zu haben. Sie verfasst laufend eine Art Hir-
tinnen-Briefe zu allen möglichen und unmöglichen Themata:
Unter dem Titel «Verliebt – verlobt – verheiratet» propagiert
Schwester Stella die Josefs-Ehe als vollkommenste Ehe, im
«Paradies-Gärtlein» disputiert sie darüber, ob der Baum der
Erkenntnis im Paradies grosse birnenähnliche oder kleine
gelbliche Früchte getragen hat; sie, die Privatnonne und Mut-

ter von vier Kindern, weiss ganz genau, dass die Welt sechstausend Jahre bestehen wird, und schliesslich betet sie, «besonders nachts, wo man Gott am meisten beleidigt durch die Sünde der Unkeuschheit.» Gott habe persönlich als kreisende Flamme über ihrem Küchenstuhl bei ihr Wohnsitz genommen und ihr zwei Zeichen gegeben – den achtzackigen Stern und «ein Stück nach unten gewölbten Regenborgen zwischen mir und der Sonne.» Dem Papst hat die streitbare Stella schon kiloweise Botschaften gepostet und ihn aufgefordert, doch endlich die vielen Bilder mit nackten Menschen im Vatikan entfernen zu lassen. Schon liegen, fein säuberlich gebügelt, weisse Nonnenkleider bereit, und auch eine «Hallelujah-Kommode», ein Harmonium, wartet nur darauf, ins Kloster der «Gesandten der barmherzigen Liebe» zu wandern, sobald Gott auf wundersamem Wege ihr, der zukünftigen Mutter Oberin, dieses Gebäude schenken wird…

Emil Frey
Bundespräsident als Rattenfänger

Einer seiner Vorfahren war französischer Brigadegeneral,
vom «Roi Soleil» Louis XIV als «beau Suisse» gelobt, gefallen
vor Namur 1692. Emil Freys Urgrossvater baute das
Basler «Kirschgartenpalais», sein Urgrossonkel bereiste als
«Scheik Ibrahim» den Vorderen Orient, und sein Onkel
Johann Rudolf Frey brillierte als dreifacher Doktor und soll
zwölf Sprachen verstanden haben. Solchermassen zur
Prominenz und Originalität prädestiniert, sorgte der am 24.
Oktober 1838 in Arlesheim geborene Baselbieter schon als
Schüler für Aufsehen: Er verdreckte sich auf dem Schulweg
nach Therwil die Hosen (sein Vater verlangte vom Lehrer
schriftlich eine strengere «Beinkleider-Reinlichkeitspoli-
zei»), trank Bier, wurde als Mitglied einer «zuchtlosen
Jugendbande» nach Waldenburg versetzt und trat 1853 als
«ausserkantonaler Exot» ins konservative Basler Pädago-
gium ein. Sein Deutschprofessor Wilhelm Wackernagel (er
kannte noch Goethe...) vermerkte im Zeugnis: «Emil Frey
nahm sich nur zusammen, wenn man ihn auch zusammen-
nahm!» Ab 1855 bis 1860 studierte er im landwirtschaftlichen
Institut der Universität Jena. Frey war dort mehr in den
«Bierdörfern», auf dem Fechtboden und beim Flirt mit Bür-
gerstöchtern als im Hörsaal anzutreffen und bald im Städtchen als ausgelassenster, wildester, berüchtigster Student
bekannt. Die Eltern waren froh, als ihr (bis dato) missrate-
ner Sohn im Dezember 1860 nach den Vereinigten Staaten
reiste. Beim Farmer Leder in Highland (Illinois) war Frey
zuerst als Knecht in Stellung. Später folgten «Engagements»
als Stiefelputzer, Ausläufer und Erdbeerpflanzer.
Als der Sezessionskrieg ausbrach, meldete sich der Auswanderer am 18. Juni 1861 bei Oberst Friedrich Hecker
(einem der deutschen 1848er-Revolutionäre) vom 24.

Illinois-Infanterieregiment. Frey wurde bald zum Leutnant befördert und warb als Rekrutierungs-Offizier unter seinen Landsleuten weitere «Yankees». Das Regiment wurde der Brigade Grant unterstellt, und in verschiedenen Chargen (zuletzt als Major der Unionstruppen) nahm der Neu-Amerikaner am Feldzug durch insgesamt elf US-Staaten teil, bis er am ersten Abend des dreitägigen, besonders blutigen Renkontres von Gettysburg am 1. Juli 1863 von den Truppen des konföderierten Generals Robert E. Lee gefangengenommen wurde. Emil Frey wurde ins berüchtigte Libby-Gefängnis in Richmond eingeliefert: «Hungernd, beschimpft, herumkommandiert, misshandelt schlugen sich die Insassen dieser Hölle um Brotkrumen und fingen zur Ergänzung ihrer schmalen Ration Ratten, die das Verlies in grosser Zahl bevölkerten.» Ab Mai 1864 sass der Gefangene zusammen mit seinen Kameraden Goff (dem späteren Marineminister) und Manning in einem fünf Quadratmeter engen Kellerloch. Drei konföderierte Offiziere waren von den Nordstaaten zum Tode verurteilt worden, und die «Dixie»-Regierung in Richmond hatte Frey und seine Leidensgenossen als Geiseln gewählt, die ebenfalls mit der Hinrichtung bedroht wurden. Abgemagert kehrte der Amerikaschweizer nach dem Gefangenenaustausch im Januar 1865 am 4. August des gleichen Jahres nach Arlesheim zurück, nachdem er noch im Juli in St.Louis einen Treue-Eid auf die Verfassung der Vereinigten Staaten geschworen hatte.

Mit der Wahl von Emil Frey zum Baselbieter Landschreiber begann dann die schweizerische politische Karriere des 27jährigen. Schon im Mai 1866 wurde er Regierungsrat und für das Amtsjahr 1867 Regierungspräsident. In der gleichen Legislaturperiode versah auch Emil Freys Vater das Amt des Landratspräsidenten. Die beiden Freys hatten also die obersten Ämter des Kantons Baselland besetzt. (Kurioserweise regierten damals auch in der Stadt Basel zwei Repräsentanten aus dem gleichen Geschlecht: Johann Jakob Stehlin als Bürgermeister und Carl Rudolf Stehlin als Grossratspräsident.) Emil Frey propagierte das Schulgesetz, das Forstgesetz und vor allem ein Fabrikgesetz, das die Nachtarbeit für Kinder verbot, jede gewerbliche Tätigkeit für Jugendliche unter zwölf Jahren untersagte und körperliche Züchtigung von Minderjährigen in den Fabriken unter Strafe stellte. Freys eidgenössische Militärkarriere startete nicht mit der Rekrutenschule, sondern mit dem (von ihm ja schon in den USA erfüllten) Majorsrang. Auch zivil etablierte sich der Doppelbürger nun in der Heimat. Im Juli 1870 heiratete er Emma Kloss, die ihm in den ersten sieben Ehejahren fünf Kinder schenkte. 1872 wechselte Frey vom Liestaler Regierungsgebäude in die Redaktionsstube der «Basler Nachrichten», wo er sich auch finanziell am Verlag beteiligte. Im aussenpolitischen Ressort galt dort der neue Kollege logischerweise als Amerika-Spezialist. 1881 trat er in den Baselbieter Landrat, 1883, im Jahre des 50jährigen Bestehens des jungen Kantons, präsidierte er ihn. Schon 1872 aber war er zum BL-Nationalrat gewählt worden. In Bern beschäftigten ihn Militärorganisation und Landesbefestigung. Bald einmal wurde Frey zum «sozialen Gewissen im liberalen Staat». 1876 war der muntere Arlesheimer Präsident der Volkskammer und profilierte sich auch durch kluge patriotische Reden bei eidgenössischen Festanlässen. In der Studentenverbindung «Helvetia» und in der Freimaurerloge «Freundschaft und Beständigkeit» fand Frey gesellschaftlichen Halt. Nach verschiedenen «Anläufen» zu einer Bundesratskandidatur wurde der nach dem frühen Tode seiner Gattin auch familiär belastete Politiker im Herbst 1882 als Schweizer Gesandter nach Washington berufen. Dort kam ihm seine glorreiche Vergangenheit als amerikanischer Offizier zugute. Präsident Chester A. Arthur und seinem Nachfolger Stephen G. Cleveland kam dieser «representative of two republics» sehr gelegen. Allerdings war die Besoldung für das hohe Amt mehr als bescheiden. Als dann im Mai 1884 darüber abgestimmt wurde, ob man Frey anstatt 50 000 jährlich 60 000 Franken zahlen solle, lehnten die Schweizer Stimmbürger mit grosser Mehrheit ab, worauf der Gesandte sogar seine Anteile an den «Basler Nachrichten» verkaufen musste. Aber auch bei bescheidenster «Hofhaltung» gelang es Frey, die amerikanische Prominenz und High Society von sich und

Emil Frey – Stiefelputzer, Ausläufer, US-Major, Geisel, Baselbieter Regierungspräsident, Chefredaktor, Gesandter, Nationalrat, Bundespräsident und Welt-Telegraphen-Direktor.

der Schweiz zu überzeugen. Senatoren, Minister, Admirale, die Königin Kapiolani von den Sandwich-Inseln und last but not least der ehemalige Vorgesetzte und damals bereits Ex-Präsident Grant gehörten zu den Gästen des Schweizer Gesandten, der zudem noch als Heiratskandidat «gehandelt» wurde. Aber weder der Opernsängerin Marietta G. Metcalf, der (zu) jungen Alma Sterling, der Ministerstochter Mary McCulloch, noch der Erzieherin der fünf Frey-Kinder, Hermine Kern, gelang es, den zurückhaltenden Diplomaten zu einer zweiten Ehe zu überreden.

Im Juni 1888 kehrte Emil Frey wieder in die Schweiz zurück und startete mit einer Rede zur Neutralität. Sie sei nur so viel wert wie unsere Wehrbereitschaft und unser Wille zur Souveränität: «Das heimatliche Schwarzbrot vor allen Dingen!» Auch als Redaktor der «National-Zeitung» stürzte er sich sofort intensiv in die kantonale und eidgenössische Politik: Im Juni 1890 wurde er erneut basellandschaftlicher Landrat, im Oktober des gleichen Jahres Nationalrat und schliesslich am 11. Dezember 1890 erster Baselbieter Bundesrat. In Liestal ertönten ihm zu Ehren 101 kantonale und 50 «gemeindeeigene» Böllerschüsse. Nachdem er eben noch zur Zeit des Tessinerputsches ad interim eine Division geführt hatte und ja auch mit amerikanischer Kriegsführung vertraut war, wurde Frey das Militärdepartement zugeteilt. Er förderte die Waffenbeschaffung und den Ausbau der Alpenbefestigungen. In Bern machte Freys Tochter Helene die Honneurs – auch 1894 im Präsidentenjahr als 18jährige Schweizer First Lady. Helene Frey tröstete sich mit diesen Verpflichtungen über ihre unglückliche «stille» Liebe zum Komponisten Hans Huber. Man warf Emil Frey «byzantinische Selbstherrlichkeit» vor – u. a. weil er sich schon zu Lebzeiten eine pompöse Gedenkmedaille prägen liess, oder weil er mit vierspänniger Kutsche zu Manövern ins Waadtland fuhr. Der «Nouvelliste Vaudois» verglich Frey beim Besuch Wilhelm II. im Mai 1893 sogar mit dem deutschen Kaiser: «Deux empereurs» lautete der Titel des Leitartikels. Allerdings mussten auch seine Kritiker zugeben, dass Frey trotz «geckenhaftem Firlefanz» ein glänzender Redner war. Man bezeichnete ihn als einen «sculpteur des mots» und «ciseleur des phrases». Als er jedoch trotz aller Beredsamkeit mit verschiedenen Vorschlägen (Revision der Militärartikel, neue Truppenordnung etc.) nicht durchdrang, trat der 59jährige am 11. März 1897 zurück, um jedoch sogleich am nächsten Tag als Direktor des Internationalen Büros der Telegraphenverwaltung ein neues Amt zu bekleiden.

Jetzt kann Emil Frey noch ein ganzes Vierteljahrhundert auf dem internationalen Parkett glänzen. Der Welt-Telegraphen-Direktor trifft Eduard VII. von England, den jungen Chamberlain, König Manuel II. von Portugal, den schweizerischen Nobelpreisträger Carl Spitteler, den Dramatiker Josef Victor Widmann, den Schauspieler Josef Kainz... Er lehnt eine Berufung als Schweizerischer Gesandter nach Berlin ab und publiziert nach mehrjähriger Vorbereitungszeit 1905 das grosse Werk «Die Kriegstaten der Schweizer» mit dem bezeichnenden Untertitel «Dem Volk erzählt». Das Buch wird ein Sachbuch-Bestseller. Frey hat gründliche Archivstudien betrieben und auch die Schlachtfelder zusammen mit dem Illustrator van Muyden besucht.

1911 wird Emil Frey der Dr. h. c. der Universität Bern zugesprochen.

1920 wird der «Alt-Amerikaner» in den «Military Order of
the loyal Legion» aufgenommen – ein Jahr später gibt er,
bereits 83jährig, sein Amt als Direktor des Büros der Internationalen Telegraphen-Union auf, bleibt aber weiterhin an
Weltverständigungsproblemen interessiert – u. a. auch als
Ehrenpräsident des IX. Esperanto-Kongresses in Bern. Am
24. Dezember 1922 stirbt einer der vielseitigsten, originellsten schweizerischen Staatsmänner im Dachzimmer «Belve-
dere» seines Hauses in Arlesheim an Altersschwäche eines
sanften Todes.

Philipp Suchard
Der Tausendsassa

Ein Tausendsassa ist mehr als ein Hansdampf-in-allen-Gassen: Er will nicht nur, er kann auch in verschiedenen Sätteln reiten! Am 9. Oktober 1797 kam in Boudry als Urenkel eines hugenottischen Refugianten Philipp Suchard zur Welt. Als seine Mutter so etwa zur Zeit der napoleonischen Kaiserkrönung im Jahre 1804 krank wurde, verordnete ihr der Hausarzt zur Stärkung Schokolade. Der kleine Philipp marschierte flugs zwei Stunden weit nach Neuenburg und kaufte dort ein Pfund derjenigen «Kolonialware», die später in seinem Leben so wichtig werden sollte. Als 15jähriger kam Philipp zum Pfarrer Johann Heinrich Hünerwadel nach Lenzburg, um Deutsch zu lernen. Im Pfarrhause war jedoch Schmalhans Küchenmeister. So sehr, dass der Geistliche seinem Zögling empfahl, die Pflaumen und Zwetschgen doch mit den Steinen zu essen, damit er eher satt würde… 1815 zog der junge Suchard zu seinem Bruder Frédéric nach Bern in die Zuckerbäckerlehre – bei einer Arbeitszeit von 14 Stunden täglich. Mit den Ersparnissen aus acht harten «Zuckerjahren» fuhr Philipp 1824 nach den Vereinigten Staaten. Dort handelte er mit Uhren und Stickereien und schrieb einen in deutscher und französischer Sprache veröffentlichten Reisebericht. Im November 1825 eröffnete Philipp Suchard an der Rue des Halles in Neuenburg ein eigenes Confiseriegeschäft, wo er der Kundschaft «selbsthergestellte Schokolade aus feinstem Caraca-Cacao» empfahl. In der Fabrik in Serrières (sie entstand aus einer alten Mühle) lieferte eine Knetmaschine täglich 30 Kilogramm Schokolade. In seinem Familienbetrieb (Suchard war seit 1828 verheiratet) arbeiteten nach und nach alle Kinder mit. Vater Suchard reiste selbst mit Stock und Hutte per pedes für seine Produkte und packte zur Weihnachtszeit manchmal im Übereifer in die mit farbenfrohen Schleifen verzierten Schokoladeschachteln auch noch seine Brille oder seine Bleistifte mit ein, die ihm dann die Kunden wieder zurücksandten. Auch der königliche Hof in Berlin (Neuenburg war ja um 1840 nicht nur eidgenössischer Kanton, sondern auch noch nominell preussisches Fürstentum) orderte gerne die Süssigkeiten seines Untertanen. Philipp Suchard war jedoch nicht nur einer der wesentlichsten Pioniere der schweizerischen Schokoladenindustrie – seine Interessen waren viel breiter gestreut: Am 19. Juli 1834 lief der «Industriel», ein Dampfschiff mit Hilfssegel, vom Stapel. Zu den Obliegenheiten als Zuckerbäckereibesitzer in Neuenburg und Fabrikant in Serrières kamen jetzt noch die Chargen Suchards als Besitzer der Dampfschiffgesellschaft und als Kapitän. Vierzehn Jahre lang führte er täglich den «Industriel» von Neuenburg nach Yverdon und zurück. Als es einmal im freiburgischen Dorf Montet oberhalb Estavayer brannte, war die Neuenburger Feuerwehr mit dem «Industriel» innert 45 Minuten zur Stelle.

Suchards Beispiel fand Nachahmer auf dem Zürichsee (ab 1835 fuhr dort der «Merkur») und auf dem Thunersee (wo im gleichen Jahre die «Bellevue» dampfte). In den Weinbergen von Serrières pflanzte der vielseitige Unternehmer 3000 Maulbeerbäume, um die Seidenraupenzucht auch in der Schweiz anzusiedeln. König Friedrich Wilhelm IV. von Preussen spendete seinem initiativen «Landsmann» eine Anerkennungsprämie von 1000 Pfund, als er ihm das erste von Schweizer Seide gesponnene Foulard verehrte. 1842 liess Suchard das Dach seiner Fabrik, alle Zufahrtsstrassen und sogar die Reb- respektive Maulbeerplantagen-Wege mit Asphalt aus dem Val-de-Travers belegen. Mit diesem schweizerischen Exportartikel, dem «Erdpech», vermittelte der Neuenburger die Pflasterung der Trottoirs in Karlsruhe, München, Heidelberg und Mannheim aus seinen «Neufchateller» Gruben.

Auch bei der Gründung der Rheinschiffahrtsgesellschaft «Adler des Oberrhein» hatte Suchard die Hand im Spiel. Der «Adler No. 1» unter der Flagge des Baselstabes war mit einem noblen Restaurant und allem Komfort der damaligen

Philipp Suchard wurde durch die Lektüre des «Robinson Crusoe» zu seinen grossen Taten animiert.

Zeit ausgestattet. Nach Anfangserfolgen in den ersten vierziger Jahren folgte dann mit den Schwesterschiffen «Adler II» und «Adler III» eine Pechsträhne, und schliesslich wurde die Konkurrenz durch die schnellere und billigere Elsässerbahn von Strassburg nach Basel übermächtig. Auf einer zweiten und dritten Amerikareise (1842 und 1845) verhandelte Philipp Suchard über den Kauf von Ländereien in der Nähe des Lake Bonaparte bei Carthage im Staate New York. Geplant war eine Schweizerkolonie «Alpina», der Suchard und seine Partner 200 Quadratkilometer aus dem Besitze des Bruders Napoleons, des einstigen Königs von Neapel und Königs von Spanien, Joseph Bonaparte, zur Verfügung stellten. Das Kolonisationsprojekt scheiterte dann aber trotz günstigem Angebot (1000 Franken für ein Blockhaus mit 30 Jucharten Wald) an widrigen Umständen. Jetzt zog sich Suchard ganz auf seine Schokoladenfabrikation zurück und gab sogar die kleine Teigwarenfabrik auf, die er so «nebenbei» in Serrières eingerichtet hatte.

Nicht nur Henri Dunant hatte vom 24. Juni 1859 seine «Erinnerung an Solferino» – auch Philipp Suchard war als freiwilliger Helfer bei dieser blutigen Schlacht dabei. Er verband während zwei Tagen die Verwundeten und schrieb für Sterbende letzte Briefe an die Angehörigen. Fast zwei Monate blieb Suchard in Oberitalien und versuchte die Not in den Lazaretten zu lindern. Auch bei der Belagerung von Strassburg im deutsch-französischen Kriege von 1870/71 war der warmherzige Neuenburger in der vom deutschen Artilleriebombardement schwer heimgesuchten Rheinstadt anzutreffen. Als Fabrikant hatte der «Schokoladenkönig» immer wieder feststellen müssen, wie verderblich der Alkohol gerade für Arbeiterfamilien werden konnte. Er griff deshalb den Gedanken des Blauen Kreuzes auf und errichtete am Eingang der Areuse-Schlucht ein Restaurant mit dem bezeichnenden Namen «Tempérance», wo Ausflügler umsonst eine Tasse Schokolade trinken konnten. Suchard war einer der ersten Schweizer Fabrikanten, der eine Unfallversicherung für sein Personal abschloss, eine Suppenanstalt und einen Kinderhort betrieb und der vor allem in seiner Cité Suchard so vorbildliche Arbeiter-Wohnhäuser baute, dass sogar 16 Jahre nach dem Tode des Unternehmers an der Pariser Weltausstellung 1900 ein Musterhaus im Bois de Vincennes aufgestellt wurde.

Philipp Suchard war stets sehr reiselustig: Nordafrika, Ägypten, Palästina, Syrien (1864/65) inspirierten ihn zu einem orientalischen Souvenir auf seinem Hause in Serrières: Eine moscheeartige kleine Kuppel mit Minaretts ziert dort das Dach… Unwiderstehlich erfasste das Reisefieber den 76jährigen erneut im Jahre 1873: Eine Reise um die Erde via Indien, China, Japan und die Vereinigten Staaten in 5½ Monaten über 43 163 Kilometer. Suchard dachte wohl auch an Jules Verne, als er dieses Globetrotter-Abenteuer in einem Buch unter dem Titel «Le tour du monde en grande vitesse» kommentierte. Das Angenehme des Weltenbummelns verband der clevere Fabrikant aber immer mit dem nützlichen Effekt einer (Auch-)Geschäftsreise: Aus neuen Beziehungen in allen Ländern reiften dann internationale Anerkennungen in Form von Medaillen und Ehrenmeldungen bei den Weltausstellungen in London (1851), in Paris (1855 und 1867) und in Wien (1873) sowie an der Industrie-Ausstellung 1857 in Bern, die man als eine Art Vorläufer der späteren Schweizerischen Landesausstellungen betrachten darf. Das Unternehmen mit den populären Schokolade-bilder-Serien hat auch die Kinderstuben unseres Landes mitgeprägt. Die süsse Lust war allenthalben so gefragt, dass weltweit Filialen entstanden: 1882 in Lörrach, 1888 in Bludenz, 1903 in Paris, 1909 in San Sebastian, 1923 in Bukarest, 1925 in Krakau, 1932 in Bedford, 1947 in Toronto und 1949 in Johannesburg. Als Philipp Suchard am 14. Januar 1884 starb, hiess es in einem Nachruf: «Er war einer der intelligentesten, originellsten, rührigsten und angriffigsten Industriellen, dazu ein guter Patriot und ausserdem ein grosser Meister der Reklame!»

Josef Emter
Der Mann mit den steinernen Muskeln

Zwischen 1912 und 1920 trat der am 6. Juni 1892 geborene Josef Emter unter dem Künstlernamen «Petrifion» im In- und Ausland auf. Durch intensives Krafttraining hatte der junge Artist eine totale Kontrolle seiner Muskeln erreicht. Das Publikum rätselte, ob es jetzt einen lebendigen Menschen aus Fleisch und Blut oder eine Wachspuppe vor sich habe. Emter beherrschte zum Beispiel seine Bauchmuskulatur so perfekt, dass er damit auf der Bühne ein Auto heben konnte. Als 70jähriger sass «Petrifion» friedlich in einer Festwirtschaft, als ihn ein junger Bluffer zum Boxkampf herausforderte. Emter wies vorerst korrekt auf seine ausseror-

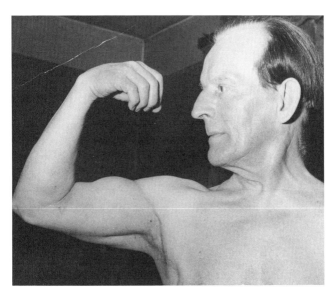

dentlichen Eigenschaften hin, konnte den streitlustigen Gegner aber nicht vom «Duell» abhalten. Sobald jedoch der hitzige Kampfhahn «Petrifion» einen Faustschlag in den Bauch versetzen wollte, schlug er sozusagen auf Granit und brach sich die Hand. Wenige Jahre vor seinem Tode (am 9. September 1970 in Basel) spielte Josef Emter noch einmal den steinernen Mann, dem man übrigens auch die Augen berühren konnte, ohne dass er blinzelte...

Louis Chevrolet
«Todesfahrer» und Manager

Pic-Pic, Saurer, Ajax, Berna, Martini, Dufaux – das sind
Schweizer Automarken, die in der automobilistischen (und
-listigen) Pionier-Geschichte Rang und Klang haben. Keiner
aber hat es so weit gebracht wie der am 25. Dezember 1878
in La Chaux-de-Fonds geborene Uhrmachersohn Louis
Chevrolet: Schon bis Ende 1960 waren aus den Chevrolet-
Werken in Detroit insgesamt 32 Millionen Personen- und
neun Millionen Lastwagen gerollt… Als die mit sieben Kindern gesegneten Eltern 1884 nach Beaune auswanderten,
zeigte sich bald einmal das technische Talent Louis', des
Zweitältesten: Er konstruierte eine Weinpumpe, verbesserte
ein dreirädriges Einzylinder-Motorrad und gewann als Velo-
rennfahrer ab 1895 so viele Burgund-Wettbewerbe, dass er
sich schliesslich eine Reise nach dem «gelobten Land der
Motorisierung», den Vereinigten Staaten, leisten konnte. Im
kalten Winter 1904/05 lernte Louis Chevrolet in New York
die eben erst aus Paris eingewanderte Suzanne Treyvoux
kennen, die a) seine heisse Liebe und b) seine Animation zu
einer Karriere als Autorennfahrer wurde. Schon im ersten
Rennen mit einem 90-HP-Fiat am 20. Mai 1905 im Morris-
Park-Autodrom gewann der wagemutige Schweizer mit
einer Stundengeschwindigkeit von (damals) phänomenalen
109,7 km. Walter Percy Chrysler überreichte dem Sieger eine
Uhr. Im Verlaufe weiterer Rennen sah Chevrolet auch Henry
Ford, David D. Buick und William C. Durant, den Gründer
der General Motors, die alle «den verwegenen Draufgänger,
den hemmungslosesten Rennfahrer der Welt» bewunderten.
Bis 1920 gewann Louis Chevrolet insgesamt gegen hundert
grosse «Races» und erreichte 185 km/h, lag aber auch insgesamt etwa drei Jahre in Spitälern, um die vielen Verlet-
zungen zu kurieren, die er sich bei einem guten Dutzend

Louis Chevrolet: Velo-champion, Autorennfahrer und Flugmotorenkonstrukteur, Marschallsbegleiter und Chassis-Designer.

Unfälle zugezogen hatte. Als William C. Durant mit David D. Buick 1908 die Marken Buick, Cadillac, Oakland, Oldsmobile und Northway vereinigte, suchte der G.M.-Boss einen Konstrukteur und einen Fahrer. Er liess Louis Chevrolet gegen seinen Bruder Arthur ein kleines Rennen fahren. Louis gewann. Durant engagierte beide Chevrolets: «Louis hat gewonnen, weil er es immer darauf ankommen liess, und Arthur hat verloren, weil er es nie darauf ankommen liess.» Arthur wurde persönlicher Fahrer von Durant, und Louis, der Draufgänger, wurde als «Auto-Ingenieur» angestellt. Nach einer Serie von Chevrolet-Modellen folgte der «Frontenac», ein Rennwagen. Der «Cornelian» war zwar 1915 als Muster fertiggestellt, ging jedoch nie in Serie, trotzdem er dank einer Stahl-Aluminium-Legierung sensationell leicht war. Das gleiche Schicksal erlitten die 1929–1935 konstruierten Flugmotoren der Chevrolet Aircraft Corporation und ein Helikopter; patentierte Prototyp-Konstruktionen, die jedoch wegen der Weltwirtschaftskrise nie fabrikmässig hergestellt wurden. 1921 besuchte einer der grossen Sieger des Ersten Weltkrieges, der französische Marschall Foch, die Vereinigten Staaten. Dort wurden ihm auf einer triumpha-

len «Tour» 30 Ehrendoktortitel verliehen. Zum persönlichen
Begleiter und Übersetzer wurde Louis Chevrolet ernannt,
der mit dem Marschall 26 000 Kilometer dieser «Ruhmes-
fahrt» absolvierte. Louis Chevrolet war ein vielseitiger
«Sportsman»: Schiessen, Kegeln, Schlittschuhlaufen, die
Jagd, Golf und Bridgepartien. Zweimal verlor er in wech-
selnden Geschäftspartnerschaften sein ganzes Vermögen,
aber immer wieder beschäftigten ihn neue technische Ideen,
die er auch nachts (er hatte stets Papier und Bleistift auf dem
Nachttischchen) weiterentwickelte. Chevrolet war zeitlebens stolz auf seine schweizerische Herkunft. Er wollte
auch seine Heimat nochmals besuchen, erkrankte jedoch an
Gehirnlähmungen und blätterte dann, liebevoll von seiner
Gattin umsorgt, in lichten Momenten noch in den Erinne-
rungsalben mit Zeitungsberichten über die grosse Zeit seiner
Rennerfolge und Chevrolet-Konstruktionen. Am 6. Juni
1941 starb in seinem Heim in Detroit einer der grössten Auto-
pioniere, ein Schweizer Original technischer Prägung, der
Mann, der seine Schöpfungen zur Weltmarke werden liess:
Louis Chevrolet.

Jean Gabriel Eynard
Der freigebigste Schweizer

In Wien gab es um 1800 den reichen griechischen Kaufmann Hupazoli, der allen Menschen, die ihn um «Darlehen» baten, seine «milde Hand» gewährte. Noch heute sagen alte Wiener, wenn sie um Spenden gebeten werden: «Gehn's zum Hutzelputzel!» Auch die Schweizer Geschichte kennt so einen überaus grosszügigen Wohltäter: Jean Gabriel Eynard kam 1775 als Spross einer Hugenottenfamilie mit Genfer Bürgerrecht in Lyon zur Welt. Zusammen mit seinem Vater verteidigte der 18jährige im Sommer 1793 die Stadt gegen die Revolutionäre. Nach der Eroberung Lyons durch die Truppen des Konvents wurde die Rhônestadt in «Commune affranchie» umgetauft, und die Eynards entkamen der drohenden Guillotine mit knapper Not durch ihre Flucht nach Rolle. 1797 gründete Jean Gabriel eine Bank in Genua. So half er seinem Vater, die durch die Beschlagnahmung seines Vermögens in Lyon entstandenen Schulden zurückzuzahlen. Als dann Genua 1800 von den Österreichern zu Land und den Engländern vom Meere aus belagert wurde, griff der junge Genfer als Bürgersoldat erneut zu den Waffen. Ein Jahr später entstand aus dem Friedensvertrag von Lunéville das italienische Königreich Etrurien. Eynard amtierte als Finanzberater dieses Staates so geschickt, dass auch Lucca und Neapel seine Dienste wünschten. In jenen Jahren, wo er von Florenz aus wirkte, begründete Eynard in loyalem Einsatz für seine Auftraggeber auch sein eigenes riesiges Vermögen. Als aus Etrurien wieder das Grossherzogtum Toskana geworden war, benützte der clevere Bankier den festlichen Anlass der Vermählung Napoleons mit der österreichischen Kaiserstochter Marie-Louise, um in Paris im April 1810 die Interessen der Toskana erfolgreich zu vertreten. Als Sekretär von Yvernois und Pictet-de-Rochemont

Jean Gabriel Eynard – gutmütig, grosszügig, selbstlos = ein Musteroriginal!

gehörte Eynard zu jener Genfer Delegation, die am Wiener Kongress der Calvinstadt die Unabhängigkeit sicherte. 1815 bedrohten französische Truppen Genf. Da übernahm es der Barrikadenkämpfer von Lyon und Genua, ein genferisches Milizkavalleriekorps zu organisieren, wofür der verdiente Bürger zum Oberstleutnant ernannt wurde. Zwischen 1817 und 1820 baute sich der kunstsinnige Finanzmann sein «Palais Eynard» – «eine der schönsten Zierden der Stadt». Von 1826 bis 1863 setzte sich Jean Gabriel Eynard als einer der engagiertesten Philhellenen für die Selbständigkeit Griechenlands ein. Als Graf Johannes Anton Kapo d'Istrias, der Freund Eynards, 1828 griechischer Staatspräsident wurde, amtierte der Genfer Wohltäter kostenlos an allen europäischen Höfen als ausserordentlicher Gesandter der neuen Republik. Deren Truppen meuterten jedoch 1829 wegen rückständigen Soldzahlungen. Da wandte sich der Genfer Financier an Frankreich und Russland für ein Darlehen von 1,5 Mio Franken. Als diese Länder sich weigerten, eine solche Summe vorzuschiessen, lieh Eynard den Betrag kurzentschlossen (und mehr oder weniger à fonds perdu…) aus eigenem Portefeuille. Ebenso 1847, als das englische Kabinett von Griechenland eine halbe Million ausstehender Schulden zurückforderte. Jean Gabriel Eynard war nicht nur der Gönner Griechenlands und griechischer Studenten in der Schweiz; auch in Genf hatte der meistens mit seiner kurligen Kopfbedeckung bekleidete Monsieur ein offenes Herz für Bittsteller aller Art. Die Redensart «riche comme Eynard» wurde in Genf zum Symbol für den im Alter von 80 Jahren auch geistig etwas wunderlich gewordenen Bankier, der manchmal auch von religiösen Phantasten ausgenützt wurde, die ihm «Gottes Lohn» für bares Geld versprachen. Der freigebigste Schweizer aller Zeiten starb im Februar 1863 87jährig. 1864 wurde das in seinem Auftrag und von ihm finanzierte «Palais de l'Athénée» an der Rue de l'Athénée 2 für die Société des Arts de Genève eingeweiht. 1907 liessen griechische Studenten von Bildhauer Rodo von Niederhäusern auf der Promenade des Bastions dem grossen Freunde Hellas' ein Gedenkmonument errichten.

Alois Zgraggen
Der (zweit)letzte Gotthard-Postkondukteur

«Ich bin vom Gotthard der letzte Postillon…» heisst es im populären Lied. Im Band 1 der «Schweizer Originale» haben wir Michael Danioth in dieser Charge vorgestellt, der jedoch genaugenommen Kondukteur und nicht Postillon war. Auch Alois Zgraggen (er lebte vom 26. Februar 1822 bis zum 24. Mai 1888) wirkte als «Eidgenössischer Kondukteur der Gotthardpost» von 1850 bis an sein Lebensende. Die hohe, breitschultrige Tellsgestalt mit dem imposanten Bart wurde als optisch eindrückliche Figur auf ganzen Serien von Postkarten als «Der letzte Postillon» gefeiert – ein Bilderbuch-Original also, das sich ohne Widerspruch mit nicht ganz hundertprozentig echten Lorbeeren krönen liess. Der wirklich allerletzte (wenn wir vom Lebensalter und nicht von der Funktionszeit ausgehen) Postillon – und nicht Kondukteur – vom Gotthard war jedoch Peter Lirer aus Flüelen, ein gebürtiger Göschener, der 1911 noch als 84jähriger lebte. Alle anderen Gotthard-Postillone starben vor ihm. Weil aber die Kondukteure Michael Danioth und Alois Zgraggen so urchig präsentable Typen waren, wurden eben sie zu legendären, viel besungenen Innerschweizer Originalen.

Hans Schweizer
Der «Schlangenhansi»

Er wurde als Sohn eines Basler Tramwagenführers geboren (11.9.1891), trat als 13jähriger bei der «Basler»-Versicherung ein, fehlte bis zu seiner Früh-Pensionierung im Jahre 1937 keinen einzigen Arbeitstag und hatte sich schon als Primarschüler nur für Amphibien und Reptilien interessiert. Mit Rucksack und Milchkesseli sammelte er in seinen Ferien und später «hauptberuflich» sel-

tene Echsen, Ottern und Nattern. In 52 Veröffentlichungen publizierte der weltbekannte Reptilienforscher die Früchte seiner jahrzehntelangen Beobachtungen, Untersuchungen und Entdeckungen. In fünf grossen Ausstellungen zeigte Schweizer fantastische Riesen- und Giftschlangen-Kollektionen. Mit besonders wärmebedürftigen Schlangenarten ging der «Schlangenhansi» sogar ins Bett… Um für seine Reisen zu sparen, trug er immer Schuhe mit Schnüren anstatt mit Schuhbändeln. Zwei Eidechsen, eine Ringelnatter und eine Levante-Otter sind nach Schweizer bezeichnet. Hans Schweizer leistete sowohl im Ersten als auch im Zweiten Weltkrieg Aktivdienst. Er war stets ein guter Kunde von Mäusezüchtern und Fischhändlern. Inmitten seiner geliebten Reptilien, die stets zu Dutzenden in seiner Wohnung herumkrochen, starb der «Schlangenhansi» 1975 in seinem 84. Lebensjahr.

Schaggi Streuli
Eine «Volksfigur»

Er war kein Polizist, stammte auch nicht aus Allenwil, hiess nicht Heiri Aeppli und auch nicht Heiri Schaub, ja nicht einmal Schaggi Streuli, sondern Emil Kägi. Seine traurige Kindheitsgeschichte beginnt schon vor der Geburt: Die Eltern arbeiteten in der Fabrik. Der Vater trank und prügelte seine Gattin, und diese liess sich mehr oder weniger aus Rache mit dem Meister ein, der ihr für ein «freundliches» Verhalten einen Aufseherinnen-Posten versprach. Aus dieser «Gefälligkeit» entstand dann der kleine Emil (am 4. Juli 1899).
Sein Vater, der dies ja gar nicht war, versprach dem Meister die Anerkennung des Buben, wenn er ihm dafür ein Kalb schenken würde. Nach diesem Kuhhandel wurde Frau Kägi Oberaufseherin. Als Emil sechs Jahre alt war, liessen sich seine Eltern scheiden. «Ich hatte eine harte Jugend», meinte Schaggi Streuli später, «sie prägte mein ganzes Leben!»
Als Siebenjähriger spielte er in Höngg zum ersten Male Theater. Seine Rolle: ein altes Mütterchen. Sein Text: zwei Sätze. 1914 wurde Emil Kägi erst Ausläufer bei einem Stoffhändler in Zürich, dann Hausbursche in einer Lausanner Augenklinik. Apropos Klinik: Als «Miggel» bei einem Velounfall an einer steilen Strassenkurve in Wollishofen seine grosse Kinnarbe bekam, geschah der Unfall gerade vor dem Hause eines Arztes, was Emil Kägi zur Bemerkung veranlasste: «Sie wohnen hier wirklich an einem sehr günstigen Ort, Herr Doktor!» Als «unterbeschäftigter» Angestellter in der Schweizerischen Bankgesellschaft schrieb Emil eine ganze Reihe von Dialektstücken, übernahm (im Dramatischen Verein Höngg) oft die Regie und spielte meistens auch eine der Hauptrollen. 1928 heiratete der Miggel eine Lisel (Elisabeth Eigenheer) und zog ins Tessin, wo er ein Restaurant eröffnete, das jedoch sehr schnell wieder pleite ging, worauf er als (verheirateter) Metzgerei-Ausläu-

fer wieder ganz unten anfangen musste. Nach der Geburt eines Sohnes wurde die schon durch das Tessiner Fiasko ausgelöste Ehekrise noch intensiver. Die Kägis gingen nach Aarburg, wo Miggel im Büro eines Blindenheims arbeitete und sich abends ins Dorftheaterleben flüchtete. Als das Söhnchen wegen mangelnder Vorsicht der Mutter an Verbrennungen starb, kam es (1933) zur Scheidung. Miggel zog nach St. Gallen und wurde Kino-Platzanweiser. 1936 traf Emil Kägi als 37jähriger die 18jährige Hedwig Obrist bei Proben im Dramatischen Verein Höngg. Für acht Franken Gage trat er als Conférencier im Restaurant Rose auf, und schliesslich ging der bisherige Theater-Amateur Ende 1936 zum erstenmal als Profi mit dem Zürcher «Corso»-Ensemble auf Schweizer Tournee. 1937 hatte Kägis Kindermärchen «De Geisspeter uf der Zauberalp» im Luzerner «Löwengarten» Premiere: Margrit Rainer, Alfred Lohner, Sigfrit Steiner und Emil Kägi selbst standen auf der Kleinbühne. 1939 heirateten Hedwig und Emil, der zuerst kriegs- und krisenbedingt Spediteur beim «Zigarren-Dürr» in Zürich wurde, bald aber mit der Schweizer Soldaten-Bühne «Die Venus vom Tivoli» und «Krawall im Stall» spielte. Und jetzt stand auch erstmals der Name «Jakob Streuli» im Programm. 1940 und 1941 folgten die ersten Schweizer Filme mit Schaggi Streuli («Die missbrauchten Liebesbriefe», «Gilberte de Courgenay», etc.), die Mitarbeit im legendären Cabaret Cornichon und, ab 1947, im Cabaret Fédéral. Gegen braune und rote Fäuste (Streuli spielte einmal einen geradezu erschreckend echten Stalin, dann wieder einen Nazibonzen) zogen Zarli Carigiet, Voli Geiler, Walter Morath, Cedric Dumont, Max Werner Lenz und eben auch Schaggi Streuli vom Leder.

Streulis erste Radiosendung war der «Leitfaden für Eheleute» (1948) – «hier wird das Unkraut im ehelichen Garten ausgerupft», rühmte die *Radiozeitung*. Und dann kam der «Polizischt Wäckerli». Start war am 14. Januar 1949. Bald einmal kannte die ganze Schweiz den Vater und die Familie Wäckerli und das Alltagsleben in Allenwil. Autor und Hauptdarsteller Schaggi Streuli schrieb so prägnante Nebenrollen, dass zum Beispiel der «Töbeli isch myn Name, Töbeli,

Schaggi Streuli – «der bekannteste Schweizer der Nachkriegszeit nach General Guisan».

Töbeli, immer na Töbeli!» zu einer richtigen, vom *Nebelspalter* träf glossierten «Töbelitis» führte. Nach siebzehn Sendungen tingelte Streuli mit einer Bühnenfassung («in behaglicher Breite in sieben Bildern») durchs Land. Weil dann eine Seifenfabrik die Popularität des «Wäckerli» für einen Werbefilm ausnützte, kam es zu einer Verstimmung zwischen Streuli und der Radiodirektion, die schliesslich mit der Wiederholung der «Wäckerli»-Serie ihren versöhnenden Abschluss fand. «De Kampf ums Rächt» (1951) als Bühnenstück, die neuen Hörspielreihen «Landarzt Dr. Hilfiker» (1952), «Oberstadtgass» (1955), «Familie Heiri Aeppli» (1960) und «Polizischt Wäckerli in Gefahr» (1962) steigerten Schaggi Streulis Ansehen als Schauspieler und «Volksfigur». «Polizischt Wäckerli», «Oberstadtgass» und (gewissermassen als Alterswerk und Schlusspunkt) «De Grotzepuur» wurden verfilmt. Im *Nebelspalter* schlug man als weitere Schaggi Streuli-Figuren ironisch Chemifäger Schwarz, Bärewirt Tröpfli, Tramkonduktör Knipsli und Landschuelmeischter Tüchtig vor. Als dann Mitte Oktober 1963 das Schweizer Fernsehen die ersten Folgen einer TV-Bearbeitung des «Polizischt Wäckerli» sendete, hatten die Folgen Folgen. Jörg Schneider als Hügü-Vögeli bekam von der halben Schweiz Beifall für seine Hüftgürtelvertreter-Sprüche, die ihm Schaggi Streuli in den Mund gelegt hatte. Die andere halbe Schweiz jedoch – und nach Ansicht von Fernsehdirektor Dr. Guido Frei die oberen Volksschichten – sei, um es gelinde auszudrücken, etwas weniger begeistert gewesen. Weil «Wäckerli» dann privat mit Alkohol am Steuer von einem realen Kollegen «geschnappt» wurde, durfte er zwei Monate lang nicht mehr Auto fahren. Bevor jedoch die «Karenzfrist» abgelaufen war, erwischte man ihn ein zweites Mal, diesmal sogar bei einem alkoholbedingten Unfall. So kam Schaggi Streuli für einen Monat «unbedingt» ins Gefängnis Hinwil – in der Zelle neben ihm befand sich ein ebenfalls wegen Alkohol am Steuer verurteilter pensionierter Polizist. Obwohl Streulis Nichte Elsbeth Kägi ihren Onkel sogar als «Horror-Autofahrer» bezeichnete, sandten ihm Verehrer/-innen Fresspakete in die Strafanstalt. Zu Schaggis 75. Geburtstag und zugleich zum 50-Jahr-Jubiläum des Schweizer Radios durfte er ein neues, seinem Alter entsprechendes «Wäckerli»-Hörspiel schreiben: «Polizischt Wäckerli im Ruhestand». Zum 80. Geburtstag erschien noch eine Langspielplatte mit Hörspielszenen und dem «Polizischt-Wäckerli-Marsch». Die Zürcher Polizei verehrte ihrer volkstümlichen Gallionsfigur schliesslich eine Originaluniform «für immer». Im «Unteren Bogenhaus» im Steinenbachtal bei Wila erlebten Schaggi Streuli und seine Frau ab 1973 noch sieben ruhige Landjahre. Hühner und Tauben, Goldfasane, Katzen und Hunde gehörten zu einem Idyll, das auch ein bisschen wehmütige Resignation war. Bei einem Zigarettenkonsum von bis zu 100 Stück pro Tag war Schaggi Streuli schon 1939 Asthmatiker geworden – am Neujahrstag 1978 musste er als Notfall ins Kreisspital Bauma. Am 3. November 1980 wurde er erneut mit einer akuten Lungen- und Brustfellentzündung eingeliefert. Am Krankenbett standen auch Jörg Schneider und seine Frau. «Schaggi lag fast regungslos da», berichtete später Elsbeth Kägi. «Er hatte die Augen meist geschlossen, realisierte aber alles, was sich im Raume abspielte. Frau Schneider sagte zu ihm: ‹Schaggi, chum säg emol öppis. Tue-n-echli flueche!› Da ging ein letztes Lächeln über seine Lippen, und er sagte mühevoll: ‹Dumme Siech!›» Emil Kägi, alias Schaggi Streuli, starb um 18.15 Uhr an diesem trüben 3. November 1980 im 81sten Altersjahr. Bei den Dreharbeiten zum «Grotzepuur» war der «schweizerische John Wayne» gefragt worden, welche Szene er in diesem Film vorgezogen habe: «Als ich tot war, gefiel es mir am besten!» meinte Schaggi Streuli…

Germaine de Staël
«Blaustrumpf mit Fluidum»

Sie war die Tochter eines Genfers und einer Waadtländerin.
Ihre Mutter, Suzanne Curchod, von Rousseau hoch geschätzt
und bei Voltaire in Ferney gern gesehener Gast, hatte sich
aus einer unglückseligen Liaison mit dem englischen Histo-
riker Gibbon in die Arme des Finanzgenies Jacques Necker
gerettet. Ihr Vater verzeichnete ein Einkommen von 35 000
Livres im Jahr, lobte Colbert und wurde dafür selbst von der
Akademie in Paris gelobt. 13 Jahre nach der Heirat mit der
kapriziösen Suzanne wurde Necker 1777 von Ludwig XVI.
zum königlichen Schatz- und Finanzminister ernannt. Am
22. April 1766 kam Germaine Necker in Paris zur Welt. Im
Salon ihrer Mutter philosophierten die Enzyklopädisten
Diderot, d'Alembert und Buffon, und schliesslich kam auch
der grosse Voltaire wieder, richtete Verse an sie und taufte
Suzanne Necker «Hypatia». So atmete die kleine Germaine
schon kräftig literarische Luft. Auf einem Landsitz in Saint-
Ouen vergnügte sich die 13jährige im Sommer beim Bogen-
schiessen mit ihrer Freundin Catherine Huber – «die beiden
Nymphen waren in Gaze gekleidet…» Bereits hatte auch ein
Freier sein doppelt lüsternes Auge auf eine der reichsten
Erbinnen Europas geworfen. Baron Eric Magnus Staël von
Holstein war Sekretär an der schwedischen Botschaft in
Paris, und er erreichte sein Ziel 1785, als durch die Vermitt-
lung von Königin Marie Antoinette die 18jährige Germaine
ihre Hand dem «hohlen, aber vollkommen korrekten»
Diplomaten reichte. Trotzdem hätte ihre Mutter eine Ver-
bindung zwischen «dem vielversprechendsten Staatsmann
Englands» (William Pitt) und «der Tochter von Frankreichs
Schutzengel» (Necker) vorgezogen. Jetzt hatte der «Blaustrumpf mit Fluidum» Freiheit und Musse, sich unreglemen-
tiert von mütterlicher Vorsicht und Fürsorge mit Feuereifer

in die Literatur zu stürzen. 1786 erschien ihr Schauspiel «Sophie, ou les sentiments secrets», dem 1790 eine «Jane Grey» folgte. Damit war aber das dramatische Pulver der Frühreifen verschossen. Ein grosses Lob Rousseaus (1788) und verschiedene politische Schriften machten die Genferin wieder «aktuell», und die 1796 in Lausanne veröffentlichten Gedanken über den Einfluss der Leidenschaften auf das Glück der Menschen und der Nationen festigten ihren schriftstellerischen Ruf. Die für den Kanton Waadt damals noch zuständige Berner Polizei hatte zwar versucht, «mit den schicklichsten und anständigsten Mitteln» die stets emsig politisierende Literatin «von dem hiesigen Lande entfernt zu halten». Aber da Madame de Staël keine eigentliche französische Emigrantin war, sondern eher eine schwedisch-schweizerische Heimkehrerin, musste man sie und ihren Vater schliesslich in Coppet ungeschoren lassen, zumal sie ja 1797 wieder nach Paris reiste, um dort «den grossen General Bonaparte, den selbstlosen Philosophen, den aufrichtigen Republikaner» zu bewundern. Sie, die Geistreiche, verfolgte den «italienischen Sieger» von Salon zu Salon. Für ihn entblösste sie sogar mit gewagtesten Dekolletés ihren Busen. Als ihr das eine Dame vorwarf, antwortete die zwar über beseelte Augen, aber nicht über ein hübsches Gesicht verfügende Autorin mit ihrem klassisch gewordenen Bonmot: «Was wollen Sie, meine Liebe? Man muss schliesslich sein Gesicht dort zeigen, wo man es hat!» Als Germaine de Staël Napoleon direkt herausforderte: «Welche Frau ist in Ihren Augen die berühmteste auf der Welt?» brüskierte sie der General mit der schnippischen Antwort: «Die, welche am meisten Kinder geboren hat!»

1799 – Bonaparte war in Ägypten – greift sie ihn aus verletzter Eitelkeit in ihrem zweibändigen Werk «De la littérature» «mit tausend scharfen Dolchstichen» an. Napoleon bestätigte noch auf St.Helena, dass die Staël eine Frau von grossem Geiste gewesen sei – zeitlebens aber suchte er sich vor ihren politischen Intrigen zu sichern, indem er sie aus Paris verbannte und auch in Coppet überwachen liess. Auch ein anderer männlicher Genius war von der «genialen

Germaine de Staël – die berühmte Tochter eines grossen Vaters, von Prominenten bewundert, von Genies gefürchtet.

Schwester» nicht sonderlich begeistert. Johann Wolfgang von Goethe empfängt Germaine de Staël zwar am Weihnachtsabend 1803 in Weimar, schützt dann aber eine Verkältung vor, als sie wieder bei ihm auftaucht. «Das Konversationsmenuett der beiden Geistesgiganten erschöpfte sich schliesslich in ständigen Annäherungen und Abstossungen und endigte mit zwei tiefen Verneigungen.» Wie distanziert Goethe die Werke seiner Kollegin betrachtete, zeigt der Umstand, dass er «De l'Allemagne» – eine Art Baedecker zum deutschen Geistesleben – zwar schon 1810 «zur Kenntnis nimmt», jedoch erst 1814 im Februar und Mai richtig liest, obwohl ihn «die betriebsame Halbfranzösin, glänzend begabt und seelisch leer, männlich agil und weibisch eitel» darin ausführlich kommentiert. Sicher war auch Goethes eigene Eitelkeit betroffen, weil sich Madame de Staël – die sich längst von ihrem Gatten getrennt hatte – stets von männlicher Prominenz (A. W. Schlegel, Adalbert von Chamisso, Benjamin Constant) umschmeicheln liess. Diese geistigen Koryphäen hinderten jedoch die exzentrische Genferin nicht daran, am 7. April 1812 im Alter von 46 Jahren ganz heimlich einen Sohn zu gebären, der die Frucht ihrer

Romanze mit dem 23jährigen Husarenleutnant John Rocca war. Das Söhnchen wurde schnell und diskret «deponiert». Intrigierfreudig wie eh und je reiste die Mutter sofort nach der Niederkunft in «Antinapoleonismus» nach Petersburg und Stockholm, wo einer ihrer Söhne, Albert de Staël, noch im Geburtsjahr seines Stiefbruders in einem Duell starb. Die Schweden waren mit ihrer de facto immer noch Landsfrau nicht gerade galant. Von ihr war als der ersten Dame Europas gesprochen worden. Als Germaine auf dem Ball der Amaranth-Gesellschaft erschien, war man entsprechend erwartungsvoll: «Die Tür wurde aufgestossen, und sie kam herein… Ach! Eine Illusion brach zusammen! Sie hatte mit ihren autobiografischen Gestalten einer ‹Corinne› oder ‹Delphine› nichts gemein. Sie war eine fette Person, ohne jede Grazie in ihren Bewegungen. Ihr Mund stand immer halb offen, auch wenn sie nicht sprach, was nur selten vorkam. Von ihrer Kleidung fiel nur der schwere vielfarbene Turban auf, der fast über ihren Nacken herabzuhängen schien…»

Nach Napoleons Sturz begrüssten die Dorfbewohner von Coppet ihre prominenteste Bürgerin wie eine siegreiche Heldin mit Raketen, Blumen und Liedern. Im Sommer 1816 kam noch Lord Byron, der englische «Griechendichter», schwamm täglich im Genfersee und liess sich neben der Herrin des Hauses von einem zunehmenden Strom literarischer Kiebitze bestaunen. Noch einmal genoss Germaine de Staël die Ambiance ihrer «Académie cosmopolite» im Schloss Coppet. Mehrere Dutzend Herzöge und Fürsten aus ganz Europa gaben sich «au bord du lac» ein Rendezvous.

Nachdem ihr die neue königlich-französische Regierung jene zwei Millionen Francs, die ihr geliebter und vergötterter Vater seinerzeit in der Staatskasse als Darlehen zurückgelassen hatte, endlich wieder rückerstattet hatte, war Madame de Staël auch finanziell in der Lage, ihre Gäste grosszügig bewirten zu können. Am 10. Oktober 1816 heiratete die bereits «vom Opium ausgehöhlte» und an Schlaflosigkeit leidende «einflussreichste Frau des Jahrhunderts» noch ihren jungen Galan, weil sie die Geburt ihres jetzt schon vier-jährigen Söhnchens legalisieren wollte. Am 14. Juli 1817 bereitete sie sich in ihrer Pariser Villa auf den für den näch-sten Tag angekündigten Besuch des Herzogs von Wellington vor. Fanny Randall, ihre «alte Jungfer», gibt Germaine auf inständiges Bitten eine besonders ausgiebige Portion Opium, «stärker als die Coppet-Dosis». «Werden Sie jetzt schlafen?» fragt Fanny. «Tief und fest wie eine Bäuerin!» sagt Germaine. Wenige Stunden später ist die ausserordentlich-extravagant-originelle Schweizerin tot. Ihre Mutter, die eine panische Angst davor hatte, lebendig begraben zu werden, liess sich (1794) und zehn Jahre später ihren Gatten unter einer grossen roten Decke in einem mit Alkohol gefüllten Mar-morbecken «begraben». (Auch der englische ruhmreiche Seeheld Lord Nelson war ja von Trafalgar nach London in einem Fass Rum transportiert worden…). Germaine de Staëls Sarg wurde von Paris nach Coppet überführt und dort von vier Gemeinderäten zu Füssen des Neckerschen Mauso-leums plaziert. «Dann wurde der Eingang wieder zugemau-ert und ist seither nicht mehr geöffnet worden…»

's Banane-Anni
Spaghetti für Mussolini

Als Verdingkind ging es der am 6. August 1888 in Italien geborenen Anna Mevio-Bordot so schlecht, dass sie sogar Gras essen musste und Kartoffeln stahl, um nicht zu verhungern. Das Hirten- und Bettlermädchen kam barfuss über die grüne Grenze und lernte erst im Kloster Arbon lesen und schreiben. Nach einer kurzen Ehe mit einem Basler Lebensmittelhändler zog

Anna mit einem Handwagen als «Bananenfrau» selbständig durch Basel. Ganz besonders laut habe sie dann jeweils ihre Kuhglocke vor dem Haus ihres Ex-Mannes geläutet, weil der sich vor seiner neuen «vornehmen» Freundin über seine gewesene Gattin geschämt habe. Gemäss Basler Polizeiakten kochte Anna Mevio-Bordot einmal bei sich daheim an der Elsässerstrasse dem jungen (damals noch sozialistischen) italienischen Agitator Benito Mussolini Spaghetti napoli. Diese Amtsnotiz hat ihr nicht geschadet, weil die unpolitische Frau (sie verkaufte im Herbst auch heisse Marroni) für ihre «Bananenphilosophie» stadtbekannt war. Auf kleinen Kartons stellte sie diese Alltagspoesien mitten in die gelben Früchte: «Ven vir wüste vie curze das leben ist, vir vurde uns gegenseitig mer frida macha!» Anna Mevio starb am 14. Dezember 1967. Auf ihrem Küchentisch lag noch ein letzter «Bananenvers»: «Nur ein selbstloser Mensch can gans treu sein!»

Walter Roderer
Humor und Zivilcourage

«Humor ist ein Geschenk. Man hat ihn, oder man hat ihn nicht. Bei mir kommt er in meinen Bühnenfiguren zum Ausdruck – sie sind aus Phantasie, Humor und Schlauheit zusammengesetzt.» So schreibt der am 3. Juli 1920 in St.Gallen in den Geburtsanzeigen notierte Appenzeller Walter Roderer. Eine schwere Brustfellentzündung bringt den elfjährigen «Rodes» – so nannten ihn seine Mitschüler – zu einer poetisch-romantischeren Lebenseinstellung. Hatte Walter bis dato Kettensprenger und Entfesselungskünstler werden wollen, so war ihm nun der beseelte Vortrag eines Gedichtes wichtiger. Bei einem Welschlandaufenthalt wohnte er in Neuenburg im gleichen Zimmer, das Jahre vor ihm jener Adrian Wettach bewohnt hatte, der unter dem Namen Grock ein weltberühmter Clown war. Im alten Stadttheater in St.Gallen schnupperte Roderer schon als Jüngling Bühnenluft. In der dritten Gymnasiumsklasse bekam der fleissig Latein und Griechisch büffelnde Schüler ein «Weihnachtsvelo», mit dem er die ganze Schweiz kennenlernte, ja sogar mit Kameraden bis nach Stuttgart, München, Salzburg, Wien, nach Lyon und Marseille radelte. Als Phil I-Student an der Universität Zürich konnte Roderer den Verlockungen des Schauspielhauses nicht widerstehen. Bei Ernst Ginsberg nahm er Unterricht, und Leopold Lindberg engagierte ihn als (unbezahlten) Regieassistenten. Die Stunden bei Ginsberg verdiente sich Walter als Ausläufer für Bodenwichse. Weil der Vater jedoch seine Stelle verlor und das Stipendium des Kantons St.Gallen zu mager war, musste Roderer sein Studium im achten Semester abbrechen. Glücklicherweise bot ihm Emil Hegetschweiler eine Tournee-Rolle als Konditor Süessli im Lustspiel «E gfreuti Abrechnig» an. Als «Hans Weiss» spielte Roderer so lange auf Gastspielen, bis er als HD-Soldat – zusammen mit dem

Walter Roderer – ein Humorist, der es vielen, aber nicht allen, recht machen will…

«Schwarzen Hecht»-Komponisten Paul Burkhardt – zum Dienst in der Festung Sargans aufgeboten wurde. Danach folgten noch härtere Kriegs- und Nachkriegszeiten. Eine Mansarde für dreissig Franken im Monat war die düstere Behausung. Handlanger in einer Grossgärtnerei, Akkordarbeiter in der damals noch aktiven «Roten Fabrik» und schliesslich Liebesgabenhändler – das waren jene Tätigkeiten, die den meistens am Stadttheater Chur (jeweils für drei Monate im Jahr) engagierten schlaksigen Jung-Schauspieler über Wasser hielten. Roderer versuchte es auch mit einer eigenen Tournee. «Es fing so harmlos an», hiess das Lustspiel. Es wurde zur Tragödie, weil schon der Startabend in Affoltern am Albis abgesagt werden musste, weil nur fünf Personen – und zwei davon noch mit Freikarten – in den «Löwen»-Saal kamen.

Nach einem Cabaret-Programm mit Alfred Rasser meldete sich später das Zürcher Schauspielhaus mit kleineren Rollen. Der Durchbruch erfolgte mit einem Engagement am Central-Theater im Jahre 1952. Roderer spielte an der Seite von Leopold Biberti den schüchternen, unglücklich verliebten Ladengehilfen Blandinet in Sacha Guitrys Komödie

«Nicht zuhören, meine Damen». Als Nachfolger von Zarli Carigiet kam «Rodi» zum Cabaret Federal. Eines November-Tages meldete sich auch noch die Präsens-Film. Roderer witterte schon Kinoluft. Aber die Sekretärin des Chefs wollte nur wissen, ob er für die Kinder des allgewaltigen Herrn Wechsler den Santiklaus spielen wolle…

In Schaggi Streulis Radio-Hörfolge «Oberstadtgass» spielte W. R. dann den Kurt Muggli mit seinem stereotypen Satz «Sie müend mi verstoh, gelled Sie, gelled Sie…» – ein Spruch, der viel später auch den Titel von Roderers Autobiografie zierte.

Mit «Der Mustergatte» kam schliesslich die grosse Popularität. Die Kritik war begeistert von Roderers naiver Raffinesse: «Er hat alle Gaben», schrieb J. R. Humm in der *Weltwoche,* «ein Komiker vom Rang eines Valentin oder Pallenberg zu werden!»

Die logische Folge war die Gründung des «Gastspieltheaters Walter Roderer», das nun schon seit über 30 Jahren die Schweizerinnen und Schweizer mit Komödien erfreut, die nicht nur akademisch geschulten Sachverständigen und Presserezensenten, sondern vor allem dem einfachen Publikum gefallen. «Rodi» steht zu seiner Absicht, den Menschen einfach Vergnügen zu bereiten, sie mit fröhlicher Unterhaltung zu erheitern, ihnen den Feierabend oder das Wochenende zu versüssen. Aus diesem von den Medien kurioserweise oft missverstandenen oder fehlinterpretierten Bemühen entstanden z. B. die Lustspiel-Produktionen «Der Junggeselle», «Der Lückenbüsser», «Der verkaufte Grossvater».

Auch die Cabaret-Programme, mit denen Roderer von Zeit zu Zeit auf Tournee zog, dienten vor allem dem Amüsement und nicht der Politik. «Sollte ich», räsoniert er in seinen spritzig geschiebenen Memoiren, «sollte ich, der ich in dieser Schweiz dick und feist geworden bin, einen zerrissenen Pullover anziehen, auf die Bretter klettern und mit erhobener Faust gegen unsere Bundesräte losziehen wie Salonkommunisten am 1. Mai?» Darum entstanden «Herr und Frau Schwyzer», «'s goht obsi» und «Lached Sie mit!» eben ohne die obligate bohrende Hinterfragerei, aber auch ohne das penetrante Schielen nach dem jeweiligen politischen Modetrend.

Walter Roderer hat seinen grossen Erfolg, «Der Mustergatte», auch verfilmt, wobei er sowohl die Hauptrolle spielte, als auch als Coproduzent unternehmerisch Verantwortung trug. Das galt ebenso für «Der Herr mit der schwarzen Melone», ein Film, der in Deutschland mit dem Prädikat «wertvoll» ausgezeichnet wurde. Freimütig gesteht «Rodi»: «Ich mache auch oft Fernsehwerbung. Gegen sehr gute Bezahlung, das will ich gerne gestehen. Für meinen Theaterbetrieb kann ich das Geld gut gebrauchen. Alle diese lustigen Spots waren nämlich auch für mich immer eine gute Reklame! Das darf ich zwar meinen Auftraggebern nicht sagen – aber Ihne säg i's…»

«Wer zu mir ins Theater kommt, will zwei Stunden lachen. Der Erfolgszwang, dass es auch das nächste Mal wieder so lustig oder noch fröhlicher sein muss, hat mich im Verlaufe der Jahre geprägt. Auf der einen Seite bin ich Künstler, Träumer und Phantast, auf der anderen Seite Rechner, Kaufmann und Bürolist.»

«Rodi» liebt sein Publikum. Nur die Huster, die Schwatzer und die Sololacher (über die dann die anderen Zuschauer lachen) bereiten ihm Kummer. «Besonders Nachkleckerer, solche, die über eine Pointe noch und noch einmal lachen, während es schon lange weitergeht. Die sind deshalb gefährlich, weil sie auch uns auf der Bühne zum Lachen reizen und die Aufmerksamkeit des Publikums an sich ziehen, so dass dieses plötzlich nicht mehr über uns, sondern eben über den Sololacher lacht.»

Vor allem die Verliebten, die händchenhaltend nur sich sehen, und die Garnichtlacher können einen Schauspieler aus dem Konzept bringen. Ein solcher Heiterkeitsabstinent sass einmal in St.Gallen in der ersten Reihe und verzog zwei Stunden lang keine Miene. Nachher jedoch, im Restaurant, lud der gleiche Stoiker das ganze Ensemble zu einer Runde ein: «So wie heute habe ich in meinem ganzen Leben noch nie gelacht!» meinte er anerkennend. Vielleicht gibt es ja tatsächlich auch ein inneres, ganz stilles Lachen…

Roderer ist schon gefragt worden: «...und was schaffen Sie am Tag?» Auch laden ihn immer wieder gutmeinende Fans zum Essen ein, wobei der populäre Schweizer Komiker wohl gute 150 Jahre alt werden müsste, um all diese gespendeten Mahlzeiten absolvieren zu können. «Rodi» isst übrigens – seit seiner Kindheit – gerne Gehacktes mit Hörnli oder Hörnli mit Apfelmus. Er liebt Tiere – besonders Hunde. Und er freut sich über diese, seine, unsere Schweiz. Dazu steht er. Dafür entwickelt er jene Zivilcourage, die es nicht allen recht machen will: «Die Heimat, ein Wort, das aus der Mode gekommen ist, hat dir, wie eine Mutter, Unvergessliches gegeben. Du bist von ihr geprägt. Ich bin nicht sentimental, aber als ich von meiner Weltreise über die Alpen zurückflog und unter mir die grünen Weiden sah, liefen mir die Tränen über die Wangen. Ich schämte mich nicht, denn mit einem Mal wurde mir klar: Ich liebe sie, die Schweiz!»

Wilhelm Basel
Auch ein «Schweizer»-Original

Nein, dieser Mann ist kein Schweizer und auch kein Basler – und ein Original ist er eigentlich auch nicht. Warum verdient er trotzdem einen Platz in diesem Buch? Wilhelm Basel bewirtschaftet den Hof Basel in der westfälischen Dorfgemeinde Basel. Demzufolge ist er der einzige Basel-Basler auf «Basel» in Basel, der nie in Basel war. Fügen wir zu diesem exklusiven namologischen Kuriosum noch den Umstand bei, dass Wilhelm Basel seinerzeit Probleme mit einem Knecht aus Zürich hatte (aus dem richtigen Gross-Zürich und weder aus dem holländischen noch dem algerischen Namensvetterndorf…), so hoffen wir auf mildernde Umstände der geneigten Leserschaft für diese thematische Entgleisung.

Seppetoni und Kathrili
Die Mini-Originale

Seppetoni Bischofberger (geboren 1868) war etwa 80 cm, seine Schwester Kathrili (geboren 1869) kaum 70 cm klein. Die beiden wirteten im «Falken» im appenzellischen Oberegg. Am Sonntag mussten sich die beiden in der Kirche jeweils auf den Betschemel stellen, um dem Gottesdienst folgen zu können. Als der Seppetoni zwanzig wurde, fragte ihn bei der Rekrutenmusterung sein beleibter Vetter, Hauptmann Bischofberger, wie gross er sei. «Log emol», gab ihm der Seppetoni Bescheid, «du häscht en Meter Buuchomfang – ond i bi aifach e kli khüerzer!» Um 1910 kam der Turnverein Mettmenstetten nach Oberegg. Seppetoni und Kathrili posierten für eine Gruppenaufnahme links und rechts der grossen Trommel, wobei sie wohl ihr obligates Sprüchli sagten: «Was zalscht denn, wenn-mer häreschtönd?» Als 1938 der Herisauer Dr. Baumann Schweizer Bundespräsident wurde, durfte im «Falken» nicht mehr über «Bern» räsoniert werden. Kritiker wurden vom Seppetoni streng zurechtgewiesen: «Bis schtill, du kheibe Lappi, do khonscht du sowiso nöd druss!»
Nach einem für Zwergwüchsige erstaunlich langen Leben starb der witzige Seppetoni im April 1940, und vier Jahre später folgte auch Kathrili ihrem Bruder im Alter von 75 Jahren ins andere Leben.

Kari Gygax
Wirt «Zum roschtige Sabu»

Während 28 Jahren führte Karl Gygax an der Rathausgasse in Bern das Restaurant «Zum Schwert», bei seinen Stammgästen nur als «Zum roschtige Sabu» bekannt. Als Kari sich in jungen Jahren zur Polizeirekrutenschule meldete, klopfte er eine Achtungstellung und rief: «Herr Oberst – Herr Gygax!» In seiner Freizeit kümmerte sich der stämmige Gendarm in rührender Fürsorge um junge Rehe und gründete eine «Aktion Schutz des Rehkitzes». Im Eichholz in Wabern zog er auch Fasane auf, pflegte Wildenten und war zu all seiner praktischen Tierliebe noch ein grosser, warmherziger Menschenfreund. Die Weihnachtsfeiern in seinem Lokal, zu denen er Bedürftige und Verschupfte einlud, wurden zu einer schönen Berner Tradition. Nach elf Jahren Polizeidienst übernahm Kari am 1. Mai 1951 den «Roschtige Sabu», behandelte dort alle seine Gäste gleich und versorgte sie mit fröhlichem Humor, während seine Gattin Alice eher für die «Seelennahrung» zuständig war. Der Berner Jugend stellte Karl Gygax seine Waldhütte in Lauterbrunnen zur Verfügung, kümmerte sich als Grossrat auch um die Stadtpolitik (von 1974–1978), war bei jedem Zibelemärit präsent und starb als eines der letzten Originale der Bundesstadt 1980, kurz vor seinem 66. Geburtstag.

Emil Hegetschweiler

«Ihr Lieben alle…»

Als Sohn eines Zuckerbäckers wurde Emil am 15. Oktober 1887 an der Kirchgasse 6 in Zürich im 4. Stock geboren. Als Vierjähriger erlebte er noch die grosse Seegfrörni von 1891. Im «Stammhaus» der Familie an der Spiegelgasse 5, dort, wo schon der Grossvater Bäcker war, übernahm der dannzumal 30jährige Emil nach seines Vaters Tod 1927 die Bäckerei und erweiterte das Unternehmen mit Filialen im Hauptbahnhof, am Hottingerplatz und schliesslich mit dem Tea-Room Hegi im Helmhaus, das zum Treffpunkt der Schauspieler und Kabarettisten, der Maler und Autoren wurde. Hier wurde auch einer der ersten grossen Schweizerfilme gedreht. «Leopold Biberti, Heinrich Gretler und ich», erzählt uns «Hegi», «spielten in ‹Wie d'Wahret würkt› die Hauptrollen – ich natürlich als Konditor. Und als solcher musste ich mit potenziertem Schmerz zuschauen, wie meine Cremeschnitten, Pralinés und Buttertörtchen in der Hitze der Scheinwerfer bald in ihrer eigenen Füllung zu schwimmen begannen…»
Auf einem Sandwich der Konditorei Hegetschweiler beruhte auch der Name des Cabarets «Cornichon». «Hegi» stellte dieses Sandwich persönlich vor Walter Lesch und Alois Carigiet und wies dabei mit Nachdruck auf die Eigenschaften der sauren Gurke hin – und schon hatte die erste schweizerische Kleinkunstbühne ihren Namen.
Schon 1930 hatte Hegetschweiler mit Marionettenfiguren den «Faust» gespielt, und im Mai 1934 trat er im Eröffnungsprogramm des Cabarets «Cornichon» als Dienstmann in einer Rolle wie Hans Moser auf. «Ich han halt Freud am Militär» hiess ein «Cornichon»-Programm von 1939 – und tatsächlich leistete «Hegi» als Oberleutnant auch seine Aktivdiensttage, respektive -monate. Unvergessen ist auch seine Interpretation des Balz im Präsens-Film «Land-

ammann Stauffacher», der 1941 die unerlässliche «Durch-
haltestimmung» in übler Zeit festigen half. Edwin Arnet,
einer seiner Biografen, charakterisierte den Volksschau-
spieler: «Hegetschweiler war ein Augenspieler. Wo seine
Biedermänner vom Leben unsanft angepackt werden und im
Augenblick der Schicksalsohrfeige knabenhaft erschrocken
sind und einen Blick des Scheuen und Verwehten haben, da
wurde Hegis Auge zum Hauptorgan seines schauspieleri-
schen Gestaltens. In diesem Blick lag etwas, das echtes
Mitleid herausforderte – ein feiner Zwischenton, der vom
Herzen her kam.»
«Hegi» hatte «zwischen Bühne und Backstube» als Ama-
teurdarsteller im Dramatischen Verein Zürich angefangen,
war als Dialektschauspieler durch die Schweiz «getingelt»,
hatte am Radio «in den alten Zeiten» zusammen mit seinem
Freund Stump «Tämperli und Tschümperli»-Sketche ser-
viert (davon gab es auch Schallplatten) und sprach hinter der
Szene der Marionettenbühne die Rolle des Hansjoggel – so
als Zürcher Variante des Wiener Hanswurst. Die Filme und
weitere Gastspieltourneen – diesmal als Berufsmime – machten ihn im ganzen Land bekannt.
Lang ist die Reihe der Schweizer Filme, die Hegetschweiler
mit seinen Charaktertypen bereichert hat: «Kleine Scheid-
egg» (1935), «Die missbrauchten Liebesbriefe» (1940), «Das
Gespensterhaus» (1942), «Menschen, die vorüberzieh'n»
(1942) – ein Knie-Zirkusfilm mit Therese Giese – «Matto
regiert» (1947), «Palace-Hotel» (1952), mit Paul Hubschmid,
«Heidi und Peter» (1954), «Ueli der Knecht» (1954) – hier
spielte «Hegi» an der Seite von Hannes Schmidhauser und
Heinrich Gretler den «Glunggebuur», «Ueli der Pächter»
(1955) – wo Charlie Chaplin die Dreharbeiten im Emmen-
tal besuchte. 1957 folgte dann eine der eindrücklichsten,
ergreifendsten Rollen Emil Hegetschweilers in einem
Szenario, wo jeder Handgriff echt war: «Bäckerei Zürrer».
Kein Wunder, dass dem beliebten Darsteller 1959 vom
Zürcher Stadtpräsidenten Emil Landolt der Filmpreis jenes
Jahres verliehen wurde.

Emil Hegetschweiler – Bäcker und Schauspieler.

So verschiedene Gesichter der Schauspieler Hegetschweiler zeigen und leben konnte, so konstant freundlich, zugänglich und hilfsbereit war «Hegi» privat. Da schimmerte viel von der Jovialität des Bäckers und Cafétiers durch. «Er war auch», so erzählte Richard Schweizer, «ein unerhörter Fabulierer, der es mit einem orientalischen Märchenerzähler aufnehmen konnte. In den vierziger Jahren war die Filmequipe einmal in den Bergen tagelang zum Abwarten auf besseres Wetter verdammt. Im Dorfrestaurant versammelten sich jeden Abend Kollegen, Gäste und Bergführer, um Hegetschweilers köstlich-phantasievollen Geschichten zu lauschen. Auch das siebenjährige Söhnlein des Wirtes gehörte zu den verzückten Zuhörern und änderte deswegen sogar sein Nachtgebet: ‹Dr lieb Gott bhüet ds Müetti, dr Ätti u dr Herr Hegetschwiler!›»

Emil Hegetschweiler war auch noch Poet. Viele Cabaret-Couplets stammen aus seiner Schreibmaschine. Auch die Verse über «Hegis» Hund Fitzlibutz, die Paul Burkhard vertonte. Darin heisst es: «Loos Fitz, emaale chunt die Stund, wo du mich zrugglaascht, liebe Hund!» Aus seinem Heim an der Zürcher Hofstrasse – aber auch aus seinem Weekend-haus um Ufer des Greifensees (mit dem doppelsinnigen Namen «Dumirauli») – wurde der gemütvolle Schauspieler seiner Gattin (einer Schwester des Komponisten Arthur Honegger) und seinem grossen Freundeskreis entrissen: Am 1. Oktober 1959 schlief er, schon sichtlich vom Tod gezeichnet, in der Klinik. Als er aufwachte, versuchte er, wie immer, ein paar Spässe zu machen und setzte gar zu einer fröhlichen Trostrede für die sein Bett umstehenden Hinterbliebenen an: «Ihr Lieben alle…», begann er, schlief aber gleich wieder ein. «Das waren seine letzten Worte», berichtet uns Regisseur Kurt Früh. «Ich gebe sie hier weiter, jenen, die er liebte, weil er ihnen so viel schenken durfte, und jenen, die ihn lieben, weil er ihnen so viel geschenkt hat…»

Louis Napoleon Bonaparte
Ein Thurgauer als Kaiser

Seine Mutter war die Stieftochter von Napoleon I., sein Vater
dessen Bruder. Louis, der düstere, ehrgeizlose König von
Holland seit 1806, und seine Gattin Hortense, eine überaus
charmante und hübsche Königin, standen zwar nicht in
besonders harmonischer Ehe. Aber vor der Geburt ihres
dritten Sohnes am 20. April 1808 in Paris hatten sich die
Eltern wieder versöhnt, so dass andere «Aspiranten» auf die
Vaterschaft (zum Beispiel der von der lebensfreudigen Hortense sehr umschwärmte Talleyrand-Sohn Graf Flahaut oder
der holländische Admiral Verhuell) nicht wahrscheinlich
sind. Louis Napoleon war also königlich-holländischer Prinz
– allerdings nur bis 1810, als sein Vater den Königstitel ablegte
und Graf von Saint-Leu wurde. 1815, wenige Wochen vor
Waterloo, war der siebenjährige Neffe noch seinem Onkel
vorgestellt worden. Napoleon I. soll damals gesagt haben:
«Er wird ein gutes Herz und eine grosse Seele bekommen.
Vielleicht ist er die Hoffnung meines Geschlechts!»
Nachdem sich ihr Mann von ihr getrennt hatte, reiste die Ex-
Königin Hortense zuerst nach Genf und dann nach Konstanz.
Unter dem Druck des nun wieder königlichen Frankreichs
wurde die «Bonapartistin» jedoch 1816 aus dem Grossherzogtum Baden ausgewiesen. Da nahm sich die thurgaui-
sche Regierung mutig der Verfolgten an. Im Februar 1817
kaufte sie Schloss Arenenberg bei Ermatingen am Bodensee, empfing dort prominente Gäste wie Chateaubriand, den
älteren Alexandre Dumas und die schöne Madame Reca-
mier, sammelte eine ganze napoleonische Kolonie um sich
(ihr Bruder Eugen kaufte den benachbarten «Eugensberg»)
und liess Louis Napoleon in Augsburg im Gymnasium ausbilden. Als 19jähriger kehrte der Prinz nach Arenenberg
zurück und erregte durch seine (damals noch eher seltene)

Napoleon III., Kaiser der Franzosen – ein Thurgauer als Majestät.

Sportlichkeit Aufsehen und Sympathie. Als verwegenem Reiter, famosem Schlittschuhläufer und brillantem Schützen flogen ihm schnell die Herzen der Mädchen zu. Legendär wurden Louis Napoleons Leistungen als kühner Schwimmer, der selbst die wassergewohnten «Seebuben» beeindruckte. Bei der Gründung des thurgauischen Kantonalschützenverbandes wurde der Prinz in den Vorstand gewählt, 1836 übergab er dieser Gesellschaft eine von seiner Mutter gestickte Fahne, und 1838 überreichte Louis Napoleon in seiner dannzumaligen Eigenschaft als Präsident der Thurgauer Schützen am eidgenössischen Schützenfest in St.Gallen eine mit Gold und Silber verzierte Doppelflinte «als Hauptpreis für die Scheibe ‹Gemeinsinn›». Schon 1830 hatte der Prinz im Lager der eidgenössischen Artillerie in Thun unter General Dufour seine Ausbildung zum Hauptmann absolviert. 1832 wurde Louis Napoleon von der thurgauischen Gemeinde Salenstein ins Bürgerrecht aufgenommen. Der Regierungsrat des Kantons hatte die entsprechende Urkunde ratifiziert. Sechs Jahre später sahen auch die Gemeindeväter des zürcherischen Oberstrass eine Chance zur Popularität, indem sie ebenfalls Louis Napoleon die Bürgerschaft antrugen, was aber der Zürcher Regierungsrat nicht akzeptierte.

In Salenstein jedoch hat der Prinz seine Bürgerpflichten vorbildlich erfüllt – als (guter) Steuerzahler, als «Holzmeier», ja sogar als Militärschriftsteller. Von ihm stammt nämlich ein «Manuel», eine Art Gebrauchsanweisung für Schweizer Artillerie-Offiziere – eine Publikation, die auch späteren Kanonieren als Grundlage diente. Alle diese kommunalen, kantonalen und eidgenössischen Aktivitäten hinderten den späteren Kaiser Napoleon III. aber nicht daran, sich auch konspirativ in der europäischen und besonders in der französischen Politik zu engagieren:

1831 beteiligte er sich an einem Aufstandsversuch von Menotti in der Campagna. Die Verschwörer machten sich mit geschwärzten Gesichtern unkenntlich und nannten sich Carbonari – womit wir auch wissen, woher die Spaghetti Carbonara stammen…

Im Oktober 1836 versucht es der Prinz mit einem Putsch in Strassburg, muss aber vor drohender Verhaftung nach Amerika fliehen. 1840 – seine Mutter, die Ex-Königin Hortense ist inzwischen gestorben – will Louis Napoleon von Boulogne aus Frankreich für sich erobern, landet für sechs Jahre im Gefängnis von Ham und entweicht, als «Maurer Badinguet» verkleidet, nach England.

Mit der Juli-Revolution von 1848 jedoch beginnt der grosse Aufstieg des «Schwimmers vom Bodensee»: Am 10. Dezember wird er zum französischen Staatspräsidenten gewählt. Und weil der Name Bonaparte immer noch Klang und Nimbus hat, gelingt auch der Staatsstreich vom 2. Dezember 1851, dem am 2. Dezember 1852 die Proklamation des Dorfbürgers von Salenstein zum Kaiser der Franzosen unter dem Namen Napoleon III. folgt. Apropos 2. Dezember: Am 2. Dezember 1804 hatte sich auch Napoleon I. krönen lassen, am 2. Dezember 1805 gewann der Onkel des dritten Napoleon die Schlacht von Austerlitz. Da ja der Sohn Napoleons I. der Herzog von Reichstadt, 1832 in Wien gestorben war und es deshalb keinen Napoleon II. mehr geben konnte, musste sich Louis Napoleon die Nummer III in der dynastischen Reihenfolge zusprechen.

Bald fand sich auch eine Kaiserin. Eugenie de Montijo, die rassige Spanierin, gewann Bett, Herz und Krone. Napoleon III. hatte seit seinen frühesten Thurgauer Jugendjahren stets ein so starkes Faible fürs schwache Geschlecht, dass wir nicht ausschliessen können, dass es bei einer altersmässig früheren Eheschliessung auch eine Thurgauerin hätte sein können…

Als Louis Napoleon am 14. Oktober 1838 den Arenenberg endgültig verlassen hatte, um seinem Gastland ernsthafte Schwierigkeiten mit Frankreich zu ersparen, da glaubten die Salensteiner und Ermatinger fest daran: «Der Prinz kommt wieder!» Zwar war Arenenberg 1841 an einen sächsischen Privatier veräussert worden – 1855 aber, zum Geburtstag ihres Gatten am 20. April, kaufte Kaiserin Eugenie den Besitz wieder zurück. Zehn Jahre später besuchte das Kaiserpaar im Sommer 1865 unter dem Pseudonym von Graf und Gräfin Pierrefonds inkognito das Schloss, Salenstein, Schaffhausen und schliesslich auch die Thuner Allmend, wo der Kaiser sein einstiges Übungsfeld als schweizerischer respektive bernischer Artillerieoffizier zusammen mit seinem einstigen Dienstkameraden und jetzigen Oberst Knechtenhofer besichtigte. Auf dem Heimweg nach Frankreich allerdings gab es in Neuenburg eine Panne. Die Pferde einer Kutsche des kaiserlichen Trosses scheuten, und drei Hofdamen wurden verletzt. Apropos Hofdamen: Trotz seiner temperamentvollen Eugenie hatte der Empereur mit Thurgauer Bürgerbrief unzählige Liaisons mit verlockenden Ladies: mit Elizabeth Ann Howard, Cora Pearl, mit Gräfin Castiglione und jener Marguerite Bellanger, die dem Kaiser einen Sohn und er ihr (dafür) eine Villa schenkte. Dieses ganze Cancan- und Offenbach-Liebeskarussell setzte der Gesundheit des in seiner republikanischen Bodensee-Jugend ja so sportlichen Monarchen derart zu, dass er schliesslich im Kriege von 1870/71 nicht mehr so fit war, wie er es einem Bismarck gegenüber hätte sein müssen. Es kam zur Kapitulation des kaiserlichen Frankreich vor Sedan.

Jener «Landauer», mit dem Napoleon III. in die Gefangenschaft fuhr, der sogenannte «Sedanwagen», kam später ins Zeughaus von Frauenfeld. Louis Napoleon, der schweizerische Artilleriehauptmann, starb am 9. Januar 1873 im englischen Exil. Seine Eugenie überlebte ihn um 47 Jahre. Sie machte Arenenberg in der Zeit um 1875 zu einem bonapartistischen Zentrum: Der Prinz von Asturien, der spätere König Alfons XII. von Spanien, die Königin Sophie von Holland, die legendäre Wiener Fürstin Pauline Metternich und Dutzende von Herzögen, Grafen und Baronen konspirierten damals am Bodensee. Als dann aber der Sohn Napoleons III. – er hiess wie sein Vater Louis Napoleon – 1879 von Zulus in Südafrika getötet wurde, war auch der letzte napoleonische Herrschaftstraum ausgeträumt. Ex-Kaiserin Eugenie vermachte mit einem Vertrag vom 9. Mai 1906 Schloss Arenenberg dem Kanton Thurgau. Bedingung dieser Schenkung war, dass die Besitzung als Napoleon-Museum erhalten bleiben sollte und dass jeweils am Todestag der Königin Hortense, des Kaisers und der Kaiserin Eugenie sowie des in Afrika gefallenen kaiserlichen Prinzen Messen in der kleinen Kapelle gelesen werden.

So wird jedes Jahr am 9. Januar auch an jenen Thurgauer Bürger gedacht, der vom Salensteiner «Holzmeier» zum Kaiser der Franzosen avancierte.

Madame Tussaud
Live und in Wachs

In den meisten lexikalischen und biografischen Nachschlage-
werken wird ihre Geburt per 1. Dezember 1760 in Bern ver-
zeichnet. Ihr Vater, Johann Grossholz, soll ein schweizerischer Oberst in fremden Diensten gewesen sein. Nach französischen Quellen, die jedoch auf Berner Dokumentationen
verzichteten, war Philipp Wilhelm Curtius, ein schweizerischer Doktor der Anatomie, Marie Grossholz wirklicher
Vater. Jedenfalls lebt Marie Grossholz/Curtius in Bern als
Assistentin von Dr. Curtius, der als talentierter Wachsbild-
ner Büsten und Gestalten formte. Eines Tages besucht der
Prinz Condé das kleine Berner Wachsfigurenkabinett (es soll
das erste der Welt gewesen sein) und ist begeistert von den
lebensechten Schöpfungen.
Der Prinz animiert Curtius und Marie zum Umzug nach
Paris. Eine der Schwestern von König Ludwig XVI., Prinzessin Elisabeth, engagiert die Schweizerin als Kunst-
lehrerin. Am Hofe von Versailles entstehen Wachsbüsten
von Voltaire und Rousseau, von Marie-Antoinette und
Madame Dubarry, von Benjamin Franklin und weiteren
Prominenten. Als dann die Revolution ausbricht, findet Dr.
Curtius auf dem Madeleine-Friedhof jene blutigen Häupter
aristokratischer und republikanischer Opfer der Guillotine,
die Marie laufend in gruslige Wachsporträts verwandelt.
Viele dieser Exponate des einstigen Pariser «Salon de Cire
Curtius» sind heute noch in der Schreckenskammer von
«Madame Tussaud» in London zu sehen. Um 1795 – genaue
Daten fehlen – heiratet Marie Grossholz/Curtius den
Ingenieur François Tussaud, dem sie zwei Söhne schenkt. Um
1802 reisen die Tussauds – das Kabinett des inzwischen ver-
storbenen Dr. Curtius war in Paris ausser Mode geraten… –

mit 30 Figuren nach England. Bis 1835 zieht das Wander-wachsfigurenmuseum kreuz und quer durch Grossbritan-nien. 1835 wird «Tussauds» – jetzt schon ein Begriff – an der Baker Street in London sesshaft. 1842 übernehmen die beiden Söhne das immer grösser werdende Unternehmen, das aber nach wie vor von der «Chefin» inspiriert ist. Madame Tussaud sucht überall nach Originalgegenständen (wie zum Beispiel der echten Schneide der Guillotine, die das Haupt von König Ludwig XVI. trennte) oder nach Originalgewän-dern, die ihre Wachspuppen noch lebendiger wirken lassen. Könige und Kaiser besuchen die von Volk und Adel gleicher-massen bewunderte und beliebte populäre Attraktion. Ein besonderer Gönner des Etablissements ist König Eduard VII. von England, dessen gewünschtes Inkognito bei seinen Besuchen stets strikt beachtet wird. Die Angestellten ver-langen von ihm, dass er seinen Stock wie jeder andere Be-sucher in der Garderobe deponiert und dass er für den Besuch der Schreckenskammer den obligaten Extra-Eintritt bezahlt.

1845 zeichnet der renommierte Karikaturist George Cruishank eine fantastische Szene aus dem Wachsfiguren-kabinett, wo man Madame Tussaud mit Napoleon tanzen sieht. Der Helgen mit dem Untertitel «I dreamt that Bona-parte was waltzing with Madame Tee…» ziert seither jedes Souvenirheft des Unternehmens.

Der amerikanische Show-Business-König Phileas Taylor Barnum versucht, «Madame Tussaud and Sons» zu kaufen. Die kleine Greisin, die stets an der Kasse ihrer «Firma» sitzt, soll alle grosszügigen Angebote höflich angehört haben, sagt aber schliesslich schlicht «No, Mister Barnum, No!»

Marie Tussaud, die «Swiss Wax Queen», stirbt im hohen Alter von 90 Jahren am 16. April 1850. Viele Geheimnisse ihres Lebens nimmt sie mit ins Grab (St.Mary's Church, Cadogan Place, Chelsea). Unzählige romantische und maka-bere Legenden über ihre originelle Existenz und ihre unge-klärte Herkunft (die Grossholz sollen eine Scharfrichter-dynastie gewesen sein…) überwuchern die wenigen ver-brieften historischen Fakten und lassen um die Person der

So sass und sitzt sie an der Kasse ihres Wachsfiguren-kabinetts: Marie Tussaud – «Madame Tee…»

«Show-Woman» eine geheimnisvolle Ambiance entstehen. Als die Trauergäste von der Beerdigung zu einer Abdankungsfeier ins Museum zurückkehren, erfasst sie ein kalter Schauer: Hinter der Kasse thront wie eh und je Marie Tussaud! Erst beim zweiten und dritten Blick bemerkt man, dass sich die Chefin nun – gemäss ihrem letzten Willen – in Wachs präsentiert.

1884 transferieren die Nachkommen der «Exhibition» die damaligen 400 Figuren zum heutigen Standpunkt. 1925 zerstört ein Grossbrand «Madame Tussauds». Man munkelt, ein (wirklicher) Jüngling habe sich im wahrsten Sinne des Wortes sterblich in eine der wächsernen Hofdamen der historischen Gruppe um Queen Victoria verliebt und dann in einem Anfall von amouröser Raserei sein Idol (und damit auch das ganze Wachsfigurenmuseum und sich selbst) angezündet. Aber schon drei Jahre später feiert «Madame Tussaud» die Wiedereröffnung. Und erneut setzt man die Gründerin des Unternehmens zum Eingang: In der Nachahmung jener Wachspuppe, die Marie Tussaud gewissermassen als Krönung Hunderter von Modellen erst im Alter von 81 Jahren als ihr letztes Werk von sich selbst geschaffen hatte.

Immer wieder hat die Besitzerin dieser heute zu den Hauptattraktionen Londons zählenden «Weltillusion» es verstanden, das Publikum mit neuen Ideen, romantischem Dekor und kriminellen Schaustücken zu verblüffen. Immer noch sind bei Tussauds jene sentimentalen Kombinations-Paradebeispiele von Historientreue und Märchenseligkeit zu bewundern – Dornröschen (mit Atemautomat von 1837!), dessen Brust sich hebt und senkt, wobei jedoch sowohl der Busen als auch das Gesicht der schlafenden Schönheit von Marie Tussaud persönlich nach der 22jährigen Geliebten des Königs Ludwig XV., der Madame Dubarry, modelliert worden sind.

Schon immer war Marie Tussaud auf Aktualität erpicht. So wie sie jeweils die Köpfe Dantons und Robespierres schon wenige Tage nach der Hinrichtung dem schauderlüsternen Publikum präsentierte, genau so schnell stellen heute noch ihre Nachfolger die allerneueste Prominenz zu zeitgenössischen Gruppen zusammen. Aber stets bleibt ein faszinierendes Geheimnis um diese Fastmenschen in Wachs – ein verschleiertes Rätsel, das auch Leben und Werk der mysteriös-originellen Bernerin verhüllt.

Johann August Sutter

Kaiser von «Neu-Helvetien»

Kein Schweizer war so eng mit der Geschichte der Vereinigten Staaten und des «Wilden Westens» verbunden wie der in Rünenberg im Baselbiet heimatberechtigte, im badischen Kandern am 15. Februar 1803 geborene Sohn eines Papiermeisters und einer Pfarrerstochter. Sutter hat später viel von seiner literarischen und militärischen Vergangenheit erzählt, vom Wohlstand seiner Familie und von seinen Beziehungen zum späteren Kaiser Napoleon III., mit dem er die Offiziersschule in Thun besucht haben wollte.

«Diese Märchen der Selbstverherrlichung», so meint J. P. Zollinger in seiner kritischen Sutter-Biografie, «gehören zur Legende dieses talentierten Fabulierers und bestrickenden Träumers, dieses glänzenden Schauspielers auf der Bühne des Lebens, dieses liebenswürdigen Blagueurs und Self-Made-Gentlemans.»

1819 kam Sutter nach Basel und absolvierte mehr schlecht als recht eine Lehre in der Thurneysenschen Druckerei und Verlagsbuchhandlung. Sein Kollege war dort Johann Jakob Weber, der später einer der bedeutendsten Zeitschriften-Verleger (u. a. der *Gartenlaube*) in Deutschland wurde.

Sutter zog als Commis in eine Tuchhandlung nach Aarburg und lernte dort Anna Dübeld kennen, die er 1826 in Burgdorf, ihrem Heimatort, heiratete. Es war eine Nothochzeit, die der Geburt eines Sohnes, auch Johann August geheissen, nur um einen einzigen Tag zuvorkam. Mit Finanzen seiner Schwiegermutter kaufte der im Kreise der wohlhabenden Dübelds nur geduldete «Zuzüger» ein Haus und gründete eine Tuch- und Kurzwarenhandlung. Das Unternehmen ging jedoch 1832 pleite. Obwohl Sutter auch noch die Erbschaft seiner Frau «investierte», war keine Sanierung mehr möglich. Mit einer stattlichen Garderobe und einigen in letzter

Minute «behändigten» Kapitalien reiste er im Juli 1834 nach New York und liess seine Gattin mit ihren mittlerweile fünf Kindern mehr oder weniger mittellos zurück. Nach diesem keineswegs rühmlichen Debüt lernen wir nun verblüffenderweise in der neuen Welt einen ganz anderen, initiativeren, sympathischeren Menschen, den «Amerika-Sutter», kennen.

Als Stallknecht in einem Zirkus, als Hilfsschreiner und als Hafenarbeiter nagte er vorerst am Hungertuch, lernte aber immerhin dabei Englisch und sogar noch die Zeichensprache der Sioux. In Missouri kaufte der Auswanderer ein Stück Land, das er aber schnell wieder veräusserte, um sich an einem grossen «Treck» in den Wilden Westen zu beteiligen. Im April 1838 startete man von St.Louis – im Oktober des gleichen Jahres traf die Gruppe in Vancouver ein. Sutter verzichtete vorläufig darauf, südwärts Kalifornien zu erreichen, weil gerade die «Columbia» nach Hawaii segelte, wo Sutter mit König Kamehameha III. Handelsbeziehungen anknüpfte, die Brigg «Clementine» kaufte und mit ihr Waren von Honolulu nach Sitka in Alaska brachte. Dort herrschte damals noch das Zarenreich Russland. Sutter tanzte im Hause des russischen Gouverneurs Admiral Kauprianov mit dessen Gattin, einer geborenen Prinzessin Mentschikow.

Am 1. Juli 1839 landete der Baselbieter in der Bay von San Francisco im Hafen von Yerba Buena. In Monterey, der damaligen Hauptstadt des dem mexikanischen Gouverneur Alvarado unterstehenden Kaliforniens, präsentierte Sutter seine Empfehlungsbriefe. Mit ein paar Dutzend Europäern, Mexikanern, Indianern (und Indianerinnen!) und mit 150 Kanaken, die er selber auf Hawaii angeworben hatte, zog der Wildwestpionier mit Lebensmitteln, Munition, Samen, Pferden, Mauleseln, Kühen und Schafen den Sacramento-Fluss aufwärts. Dort gründete Sutter anno 1840 eine Festung, das Fort Sutter, bestückt mit 18 Kanonen, bildete eine kleine Armee aus, pflanzte Obstbäume und Reben, Baumwolle und Weizen, handelte mit Fellen und belieferte die Schiffe in den Pazifikhäfen mit Lebensmitteln. Sutters Mühle und Sutterville waren zwei Handelsplätze, die in einem Gebiet von rund

6000 Quadratkilometern (entsprechend etwa dem Kanton Bern) zusammen mit Fort Sutter die Zentren von «Neu-Helvetien» bildeten. Jetzt war Johann August Sutter in seinem Element. Er liess Handwerker aus Europa kommen, baute Sägereien und Werkstätten und holte schliesslich als ungekrönter Kaiser von «Neu-Helvetien» auch seine in Burgdorf zurückgelassene Familie ins Sacramento-Tal.

Auf der Höhe seiner Macht, seines Ansehens und seines Reichtums kam wie ein Blitz aus heiterem Himmel ein Schicksalsschlag, der das Lebenswerk des 45jährigen vernichtete. Ein gewisser James Marshall fand in einem Flussbett bei Coloma Gold. Das war am 24. Januar 1848 – ein tragisches Jahr für das alte, von Revolutionen erschütterte Europa – der Anfang vom Ende für Johann August Sutter, dem es nicht gelang, den verhängnisvollen Goldfund geheimzuhalten. Die eigenen Arbeiter liessen alles liegen und stürzten sich zusammen mit Tausenden von herbeiströmenden Glücksjägern in den grossen Goldrausch. Obwohl Sutter alle seine Ländereien rechtmässig von der mexikanischen Regierung erworben hatte, steckte jetzt jeder Goldsucher «seinen» Claim neu ab. Die Kulturen von «Neu-Helvetien» wurden zertrampelt. Stefan Zweig schildert diese verhängnisvolle Hysterie: «Quer über den Kontinent zogen riesige Karawanen, Menschen aller Rassen und Sprachen wühlten in Sutters Eigentum wie auf eigenem Grund. Auf der Erde von San Francisco, einer kleinen Mönchskapelle mit ein paar Gehöften drumherum, wuchs in traumhafter Geschwindigkeit auf Sutterschem Grund und Boden ein Stadt. Fremde Menschen verkauften sich gegenseitig das Land, das eigentlich dem Schweizer Pionier gehörte.» Allmählich verschwand der Name «Neu-Helvetien» und wurde zum kalifornischen «Eldorado».

1850 war Kalifornien amerikanischer Bundesstaat geworden. Sutter liess seinen ältesten Sohn in Washington Jurisprudenz studieren und klagte mit ihm die neue Regierung von Kalifornien an, weil sie ohne Entschädigung die von ihm gebauten Wege, Brücken, Kanäle und Mühlen einfach sang- und klanglos annektiert hatte. Auch von den Far-

*Johann August Sutter –
einer der bedeutendsten
Amerikaner, der berühm-
teste Auslandschweizer
aller Zeiten.*

mern und Goldgräbern, die sein Territorium widerrechtlich
besetzt hielten, verlangte Sutter mit Fug und Recht Bezahlung. Um den Prozessgegner zu besänftigen, wurde der prominente Kolonisator zum General der kalifornischen Armee
ernannt. Im Jahre 1855 anerkannte der Oberste Gerichtshof
Kaliforniens Sutters Ansprüche und überwies das Urteil zur
Bestätigung nach Washington. Tausende von Neusiedlern
fürchteten nun um «ihr» Land, brannten aus Rache den
Justizpalast nieder und zerstörten den restlichen Besitz Sutters. Aus Washington kam nie ein Bescheid, der Staat Kalifornien jedoch bewilligte seinem eigentlichen Gründer die
lächerliche Summe von 15 000 Dollars – eine Rückvergütung
der Steuern auf die ihm weggenommenen Ländereien. Die
«Union» als siegreicher Teil des amerikanischen Sezessionskrieges (1861–1865) konnte übrigens den Süden nur besie-
gen, weil das kalifornische Gold aus dem Territorium Sutters die dazu nötigen Finanzen sicherte. In Lititz, einem von
deutschen und schweizerischen Siedlern bewohnten Penn-
sylvania-Weiler, verbrachte Sutter seine letzten Lebensjahre
– immer in der (vergeblichen) Hoffnung, es würde ihm doch
noch Gerechtigkeit widerfahren. Als sich auch der 46. Kon-

gress der Vereinigten Staaten am 16. Juni 1880 vertagte, ohne die «Sutter-Bill» zu behandeln, starb der General zwei Tage später 77jährig in Made's Hotel in Washington, weil sein Herz diese letzte Enttäuschung nicht verkraften konnte.

Johann August Sutter war ein Schweizer Original mit Ecken und Kanten, mit Widersprüchen und Stilbrüchen; ein menschliches Phänomen, das vom Bluffer zum Staatsmann, vom Münchhausen zum Kolonisator, vom Vater der Auswanderer zum «Sultan der Squaws» variierte. Ein Träumer und ein Mann der Tat, ein Wohltäter und ein Verschwender – eine fesselnde, liebenswürdige, dynamische, aber auch eine zügellose Persönlichkeit: Ein mexikanischer Robin Hood, ein Fabulierer und Prahler und trotzdem ein kühl kalkulierender Realist. Einer, der zeitlebens von einer angeblich gloriosen Vergangenheit in der französischen Armee faselte und der doch in Tat und Wahrheit längst ein Stratege aus eigenem Talent, ein Festungsbauer und kluger General geworden war. Ein tragischer Held, eine durchaus historische Figur, der «Neu-Helvetier» par excellence!

Quellen

Emil Beurmann – Bohemien und Belami:
– «Basler Jahrbuch», 1952
– «Die Schweiz», 1898 (ab Seite 481), 1905 (Seite 237 und ab Seite 255), 1906 (nach Seite 84) und 1920 (ab Seite 221)
– «Berner Rundschau», 1910 (ab Seite 442)
– «Bénézit»-Kunstlexikon, Ausgabe 1957, Buchstabe B/Seiten 80/81
– Ein Konvolut Briefe und persönliche Andenken von Emil und Maria Beurmann im Besitze des Verfassers
– Artikelserie des Verfassers in der Zeitschrift «B – wie Basel» 1984/85

Mary Stirnemann-Zysset – «Heilige Einfalt»:
– «Sonnenschein ins tägliche Leben», von Mary Stirnemann-Zysset, Eigenverlag, Aarau, 1936
– «Sonnenschein ins tägliche Leben», von Mary Stirnemann-Zysset, Diogenes-Verlag, Zürich, 1967
– «Über Mary Stirnemann-Zysset», von Robert Mächler, («Aarauer Neujahrsblätter», Aarau, 1977
– Mitteilungen der Gemeindeverwaltungen von Biberstein und Gränichen

Max Daetwyler – Friedensapostel:
– «Der Prophet mit der weissen Fahne», von Werner Wollenberger, «Zürcher Woche»Verlag AG, Zürich, ca. 1964
– Informationen der Gemeinde Zumikon/ZH

Gustav IV. Adolf – Ein Schwedenkönig als Baslerbürger:
– «Memorial des Obrist Gustafsson», Verlag W. Zirges & Co., Leipzig, 1829
– «La Fin d'une Dynastie», von O.-G. Heidenstam, Librairie Plon, Paris, 1911
– «Mémoires du Lieutenant Général J.-B. de Suremain», Librairie Plon, Paris, 1902
– Akten Gustafsson, Schweden, A2, Staatsarchiv Basel
– Briefsammlung Gustafsson, Universitätsbibliothek Basel (Handschriften)
– «Schweizerreise», von Frank Heller, Verlag Heimdal, Kopenhagen, 1949
– «Was Basler Gedenktafeln erzählen», von Gustav Adolf Wanner, Verlag Helbing & Lichtenhahn, Basel, 1964
– «Schweizer Hausfreund» vom 31. Juli 1898/Seiten 123/124

Füsilier Eberer und seine beiden Gesichter:
– «Kriegsereignisse an der Dreiländerecke», eine Privatchronik von H. Hofmann, Basel, in zehn Bänden: Band 1/1940

Anna Borer – Die schwüle Einsame:
– «Mariannas Reime», von Anna Borer, Verlagsanstalt «Waldstatt», Einsiedeln, o. D.
– Privatkorrespondenz von F. K. Mathys, Basel, mit Anna Borer (aus den dreissiger Jahren)

Adolf Guyer-Zeller – Der Eisenbahnkönig:
- «Schweizer Pioniere der Wirtschaft und Technik», Band 13 (Seiten 37–66): Adolf Guyer-Zeller, von Alfred Dübendorfer, Verein für wirtschaftshistorische Studien, Zürich, 1962
- «Jungfrau express», von Verena Gurtner, Orell Füssli Verlag, Zürich, 1981

Bernhart Matter – Meisterdieb und «Robin Hood»:
- «Leben und Sterben des berüchtigten Gauners Bernhart Matter», von Nold Halder, Verlag Sauerländer, Aarau, 1947
- «Brückenbauer» Nr. 12 vom 18. März 1992: «Comic des Monats», Seite 38
- «Menschen, Geister, Fabeltiere» – Aargauer Sagen, Anekdoten und historische Texte, von Josef Geissmann, Andrea John und Heinz Erismann, AT Verlag, Aarau, 1991

Max Bircher-Benner – Der zornige Titan:
- «Bircher-Benner – Leben und Lebenswerk», von Ralph Bircher, Bircher-Benner-Verlag, Zürich, 1959
- «Absprung ins Wagnis», von Ralph Bircher, Deukalion-Verlag, Erlenbach-Zürich, 1977

Fred Spillmann – Ein Modeoriginal:
- «Fred Spillmann Memoiren», ohne Autorangabe (-minu), Buchverlag Basler Zeitung, Basel, 1986
- Dossier mit rund 30 Zeitungsausschnitten und Einladungen zu Couture-Collection-Präsentationen Fred Spillmann (aus dem Besitz von Margrit Friedli, Arisdorf)

Theophil Gubler – Sportler und Sparer:
- «Lebenserinnerungen» – unveröffentlichtes Schreibmaschinenmanuskript von 103 Seiten (Sammlung Hans A. Jenny, Tecknau)
Persönliche Mitteilungen von Frau Dr. Elisabeth Gubler (†)

Jagi Fischer – Der Stierkämpfer:
- «Schwyzerhüsli», (Sonntagsblatt) 1909/1910

Karl Jauslin – «Alles aus dem Kopfe»:
- «Baselbieter Heimatblätter» Nr. 4/1979: Karl Jauslin, Historienmaler und Illustrator, von Hildegard Gantner-Schlee, Verlag Landschäftler AG, Liestal, 1979
- Separatabzug aus den «CIBA»-Blättern Nr. 227/August 1970: Das Karl Jauslin-Museum in Muttenz (Flugblatt ohne Verfasserangabe)
- «Vom Jura zum Schwarzwald», 7. Band, 1890, Lebensbild und Korrespondenz von Karl Jauslin
- «Schweizergeschichte – gemalt und gezeichnet», Bildbericht von Hans A. Jenny in «Blatt für Alle» Nr. 31 vom 29.7.1971

Jakob Degen – Ein vergessener Flugpionier:
- «Von der Kunst des Fliegens», von Hans R. Degen, Bericht auf Seiten 18–22 im «Pro Technorama» Nr. 2, Juni 1989
- «Der Prater»/Wiener Heimatkunde/Seiten 123/124, Kapitel Luftschiffahrt, div. Autoren, Verlag Jugend und Volk, Wien, 1974
- «Geschichte der Schweizer Luftfahrt», von Erich Tilgenkamp, Band II, Seiten 29/48, Aero-Verlag, Zürich, 1942

Leopold Wölfling – Hoheit in der Wurstbude:
– «Vom Kaiserhaus in den Krämerladen», von Friedrich Weissensteiner, Zeitschrift «Geschichte», Jahrgang 17/Nr. 4
– «Schweizerspiegel», Nr. 10/Juli 1934

«Schwester Stella – Orden für eine Solo-Nonne»:
– «Basler Bebbi» No. 29/1990, Basel
– Sammlung von rund 20 Flugblättern von Schwester Stella, respektive von Margrit Rüegg, Basel

Emil Frey – Ein Bundespräsident als Rattenfänger:
– «Der Baselbieter Bundesrat Emil Frey», von Fritz Grieder, Verlag des Kantons Basel-Landschaft, Liestal, 1988
– «Bundesrat Emil Frey», von Dr. Carl Frey
– «Schweizerköpfe», Heft 8/9, Orell Füssli Verlag, Zürich, 1929
– «Die Schweizer Bundesräte» – ein biografisches Lexikon von Urs Altermatt, Artemis & Winkler-Verlag, Zürich, 1992

Philipp Suchard – Der Tausendsassa:
– «Schweizer Pioniere der Wissenschaft und Technik», Band 1: Philipp Suchard, von Hans Rudolf Schmid, Verein für wirtschaftshistorische Studien, Zürich, 1955
– «Im Schoggi-Dorf», Suchard-Broschüre aus den 30er-Jahren
– «Karl Russ-Suchard», von Willy Russ, Buchdruckerei Paul Attinger AG, Neuenburg, 1926

Josef Emter – Der Mann mit den steinernen Muskeln:
– «Doppelstab», Basel, Nr. 55 vom 19. Juli 1966
– «Basler Anekdoten», von Hans A. Jenny, Friedrich Reinhardt Verlag, Basel, 1990

Louis Chevrolet – «Todesfahrer» und Manager:
– «Schweizer Pioniere der Wirtschaft und Technik», Band 11: Louis Chevrolet, von Hans Rudolf Schmid, Verein für wirtschaftshistorische Studien, Zürich, 1960
– «Das Auto», von Jean Fondin, Mondo-Verlag AG, Lausanne, 1968

Jean Gabriel Eynard – Der freigebigste Schweizer:
– «Gallerie berühmter Schweizer der Neuzeit», von Alfred Hartmann, Verlag Friedrich Hasler, Baden,1871
– «INSA, Inventar der neueren Schweizer Architektur, 1850–1920», Band 4, Seiten 318/19 – Genève, Gesellschaft für Schweizerische Kunstgeschichte, Bern, 1982

Alois Zgraggen – Der (zweit)letzte Gotthard-Postkondukteur:
– «Das grosse Buch vom Gotthard», von Karl Lüönd und Karl Iten, Verlag Kümmerly und Frey, Bern, 1980
– «Geschichtliches, Sagen und Legenden aus Uri», von Karl Gisler, Verlag Gebrüder von Watt, Altdorf, 1920

Hans Schweizer – Der «Schlangenhansi»:
– «Der Reptilienforscher Hans Schweizer», von Paul Suter, «Baselbieter Heimatblätter», Band VIII, 1971–1975 (ab Seite 407)

Schaggi Streuli – Vom «Miggel» zum «Wäckerli»:
– «Schaggi Streuli», von Philipp Flury und Peter Kaufmann, Fretz Verlag, Zürich, 1981
– Verschiedene «Nebelspalter»-Nummern

Germaine de Staël – «Blaustrumpf mit Fluidum»:
– «Madame de Staël», von Christopher Herold, Paul List Verlag KG, München, 1968
– «Madame de Staël et la Suisse», von Pierre Kohler, Librairie Payot & Cie, Lausanne/Paris, 1916
– «Die Frauen um Napoleon», von Gertrude Aretz, Verlag «Das Bergland-Buch», Graz, 1932
– «Meyers-Konversations-Lexikon», 1897–1902

's Banane-Anni – Spaghetti für Mussolini:
– «Doppelstab», Nr. GA 1 vom 29. Januar 1965

Walter Roderer – Humor und Zivilcourage:
– «Sie müend mi verstoh – gelled Sie!», von Walter Roderer, Elektra Verlag GmbH, Altendorf/SZ
– Persönliche Gespräche

Wilhelm Basel – Auch ein «Schweizer» Original:
– «Wadersloh», von Friedrich Helmert, Verlag Regensberg, Münster, 1963
– «Doppelstab» Nr. 66 vom 15. August 1969

Seppetoni und Kathrili – Die Mini-Originale:
– «Früener ond hütt», von Peter Eggenberger, Verlag der Buchdruckerei R. Weber AG, Heiden, 1990
– «SonntagsBlick» vom 23. Juni 1991
– Souvenirpostkarte Bischofberger (ca. 1920)
– «Nach Feierabend» Nr. 39/1913

Kari Gygax – Wirt «Zum roschtige Sabu»:
– «Kari Gygax – Mys Läbe», Edition Erpf, Bern, 1980

Emil Hegetschweiler – «Ihr Lieben alle …»:
– «Emil Hegetschweiler in seinem Leben – in seinen Rollen», herausgegeben von Edwin Arnet, Orell Füssli Verlag, Zürich, 1960

Louis Napoleon Bonaparte – Ein Thurgauer als Kaiser:
– «Napoleon III», von Heinz Rieder, Marion von Schröder Verlag, Hamburg, 1956
– «Napoleon III», von Octave Aubry, Verlag A. Fayard & Co., Paris-Leipzig, 1930
– «Die Napoleoniden im Thurgau», von Hans Schmid, Bericht in «Die Schweiz», 1906
– «Chronik der Gemeinden Ober- und Unterstrass», von Conrad Escher, Orell Füssli Verlag, Zürich, 1915

Marie Tussaud – Ein Leben im Wachsfigurenkabinett:
– «Neue Zürcher Zeitung» Nr. 1907 vom 30. Oktober 1938
– «Wachsfiguren», von Arnold de Staël, Schweizer Druck- und Verlagshaus, Zürich, 1940

- «Madame Tussaud», von Gabrielle Wittkop-Menardeau, Editions France-Empire, Paris, 1973
- dtv-Lexikon, Band 19: Tussaud, Deutscher Taschenbuch-Verlag, München, 1966
- «Schweizer Lexikon», Band 7: Tussaud, Encyclios-Verlag, Zürich, 1948

Johann August Sutter – Kaiser von «Neu-Helvetien»:
- «Johann August Sutter», von J. P. Zollinger, Verlag Schweizer Bücherfreunde, ohne Datum
- «Die General-Sutter-Story – wie es wirklich war», von Hanspeter Wälti, «Anzeiger Sissach/Gelterkinden» vom 31. Januar 1980
- «Illustrirte Zeitung» Nr. 1925 vom 22. Mai 1880
- «Neu-Helvetein», von Erwin Gustav Gudde, Verlag Huber & Co, Frauenfeld, 1934
- «Sutter's Fort», Department of General Services, Documents Section, Sacramento, ca. 1960